HISTORIA DEL PERONISMO

EVA PERÓN

HISTORIA DEL PERONISMO

C
S
EDICIONES

Tapa: *Marcelo Bigliano*

© 1995 by CS Ediciones
Boyacá 51
Buenos Aires

ISBN 950-764-164-5

Queda hecho el depósito que marca la Ley 11.723

IMPRESO EN ARGENTINA
PRINTED IN ARGENTINA

INTRODUCCION

Para mí, humilde mujer del pueblo argentino, sería empresa difícil y aventurada hablar en este acto extraordinario si no me sintiese, en cierto modo, obligada a decir todas las cosas que esta nueva realidad del movimiento peronista ofrece a los argentinos. Me animo a hablar porque, como mujer, como argentina y como la más fervorosa y apasionada peronista, nada puede haber más grande que hablar de Perón y de su doctrina extraordinaria.

Desde este sitio, nuestro primer maestro, el general Perón, va a enseñarnos su doctrina: el Justicialismo, que él nos ha dado arrancándola de la claridad genial de su inteligencia y del fuego ardoroso de su corazón.

Aquí, en esta escuela, que viene a dar forma a una esperanza más de nuestro Líder, a uno de sus anhelos más queridos, se enseñará su doctrina de amor y de justicia. Por eso he querido que el Partido Peronista Femenino adornase esta casa con todo su cariño, porque, en cierto modo, éste será el hogar común de todos los peronistas argentinos.

LA FUNDACION EVA PERON

También he decidido que en la sede central de la Fundación que presido se construyan los locales y comodidades necesarios para que esta Escuela funcione después en ese lugar, que será privilegiado de mi corazón y que aspira a ser como la niña de los ojos de Perón.

Porque la Fundación y el Partido Peronista Femenino no quieren otra cosa, ni hacen otra cosa, que lo que Perón quiere y no aspiran a otra gloria que no sea el cariño de su único Líder, cuyos sueños maravillosos tratan de cumplir en su trabajo de todos los días.

EL FUTURO LOCAL DE LA ESCUELA

Por eso he ofrecido a la Escuela Superior Peronista, como local definitivo, la sede central de la Fundación, y espero verla pronto funcionando allí, infundiendo, en la inteligencia y en el corazón de los peronistas de mi patria, el fuego sagrado del Justicialismo con que Perón está iluminando los caminos de la Nueva Argentina; de ese Justicialismo que tendrá que alumbrar los caminos de la humanidad si el mundo quiere salvarse de la destrucción y de la muerte.

SENTIDO DE LA ENSEÑANZA

Pero pienso que en esta Escuela Superior no sólo habrá que enseñar lo que es el Justicialismo.

Será necesario enseñar, también, a sentirlo y a quererlo, para que después cada alumno que surja a la lucha por la causa de ese Justicialismo, sepa realizarlo y sepa vivirlo y, si es menester, sepa también morir en defensa de los grandes principios de su ideal.

Les pido a los compañeros peronistas, que como profesores enseñarán en esta Escuela Superior, que no solamente inculquen en la inteligencia y en el corazón de sus alumnos la doctrina de Perón. Es necesario que les enseñen, sobre todo, lo que es Perón, y que les enseñen a quererlo como él se merece que lo quieran todos los argentinos.

"NO CONCIBO
EL JUSTICIALISMO SIN PERON"

Por eso, cuando me pidieron unas palabras para inscribir en el frente de esta sala, elegí una frase muy clara y muy honda: "No concibo el Justicialismo sin Perón".

Muchas veces le he oído decir al General que los hombres pasan y que quedan solamente las doctrinas. Hace unos cuantos días, el 24 de febrero, nos dijo que había llegado el momento de reemplazar a Perón por el Justicialismo.

He meditado mucho en esas palabras, y quiero creer en ellas; quiero aceptarlas, porque las ha dicho Perón, cuya palabra es sagrada para todos los peronistas de verdad... ¡Pero mi corazón se resiste a que Perón pueda ser sustituido por su doctrina!

LA VOZ DEL PUEBLO

¡Y yo sé que siento como siente el pueblo! Si el pueblo pudiese hablar, con una sola voz le diría a su Líder algo así como esto, por ejemplo: "Esta bien, mi General, que su doctrina sea una cosa grande..., ¡pero nosotros lo queremos a usted!"

Porque los pueblos necesitan darse a un hombre más que a una idea... Les resulta más fácil querer a un hombre que amar a una doctrina, porque los pueblos son todo corazón.

LA LECCION DE LA HISTORIA

La Historia nos ha mostrado muchas veces que los pueblos dan su vida más fácilmente por un hombre que por una doctrina.

Cuando los cristianos morían cantando en las arenas del circo romano, brindaban su vida por una nueva doctrina, pero solamente se acordaban de Cristo.

Cuando los franceses, en 1800, caían en los campos de batalla buscando la gloria de un imperio, es cierto que morían por Francia, ¡pero ellos sentían que Francia era Napoleón!

"¡LA VIDA POR PERON!"

En esta Escuela Superior Peronista habrá que enseñar el Justicialismo, pero eso no servirá de nada si aquí no aprenden los argentinos a querer a Perón, porque cuando llegue el día de las luchas y tal vez sea necesario morir los mejores héroes no serán los que enfrenten a la muerte diciendo: "La vida por el Justicialismo", sino los que griten: "¡La vida por Perón!".

LO PRIMERO:
QUERER A PERON

Yo sé que es necesario y urgente que el Justicialismo sea conocido, entendido y querido por todos, pero nadie se hará justicialista si primero no es peronista de corazón, y para ser peronista, lo primero es querer a Perón con toda el alma.

Por esa razón necesitamos que vengan aquí solamente los peronistas de alma; esos que siempre se sienten capaces de volver a hacer un 17 de Octubre; los que consideran que es un honor tan grande dar la vida por Perón como darla por la Patria misma.

Aquí no necesitamos muchas inteligencias, sino muchos corazones, porque el Justicialismo se aprende más con el corazón que con la inteligencia.

Por eso también tengo fe en el triunfo del Justicialismo de Perón, porque está en los corazones más que en las inteligencias... Y la prueba es que los primeros predicadores de esta

12

doctrina han sido los trabajadores, los más humildes argentinos, los que antes de comprender el Justicialismo lo habían sentido, porque habían querido y lo quieren a Perón con toda el alma.

LA MISION DE LAS MUJERES PERONISTAS

Yo he querido decir todas estas cosas y aun dejarlas escritas en las paredes de la Escuela Superior Peronista, porque creo firmemente que el Justicialismo de Perón vencerá sobre los hombres y sobre los siglos, pero con una condición: que no se le deje convertir en una cosa fría, que llegue a la inteligencia sin pasar primero por el corazón. Yo sé que esto no sucederá jamás, y esa es la razón de mi fe en el Justicialismo, porque nosotras las mujeres peronistas, que somos las que creamos el alma de nuestro pueblo, nos encargaremos de que eso no suceda jamás, y antes que los argentinos pasen por esta Escuela Superior, para aprender la doctrina de Perón, les enseñaremos, en la cuna y en el hogar, que a Perón hay que quererlo como se quiere a la Madre y a la Patria.

Yo le deseo a esta Escuela Superior Peronista toda suerte de triunfos y una larga vida de fecunda tarea. Las mujeres peronistas vendremos a ella para aprender cómo se puede servir mejor a la causa de nuestro único y absoluto Líder, y pondremos en el trabajo de aprender todo nuestro fervor y toda nuestra fe mística en los valores extraordinarios del Justicialismo, pero nunca nos olvidaremos, jamás, de que no se puede concebir el Justicialismo sin Perón.

CAPITULO I

CONCEPCION PERONISTA DE LA HISTORIA

Es para mí un placer y un honor muy grande poder hablar a los peronistas desde esta tribuna y, sobre todo, poder hacerles llegar mi modesta voz en una de las materias más querida para los peronistas: "La Historia del Peronismo".

Cuando se me pidió que yo dictase un curso extraordinario en ella, advertí su gran importancia midiendo la responsabilidad que significaba para mí el narrar, en cierto modo, el extraordinario capítulo de esta historia que estamos viviendo y que las generaciones venideras sabrán apreciar, porque en él estamos construyendo la grandeza de la Nación.

UNA RESPONSABILIDAD Y UN HONOR

Yo me alegré, entonces, porque hablar de la historia del movimiento peronista era para mí, en cierto modo, recordar con ustedes, alumnos de esta escuela, hombres y mujeres peronistas de corazón, todas las jornadas de lucha y de gloria de nuestro movimiento vividas en pocos años, en esta patria tan cara para nosotros. Y pensé que, si bien significaba una gran responsabilidad hablar de la historia del movimiento peronista, era un

15

honor para mí, que había vivido sus difíciles momentos, su gestación, sus triunfos y la culminación de sus realidades. Por eso acepté dictar este curso.

MI ENCUENTRO
CON PERON

Pensé que estos siete años del movimiento peronista podían medirse con los pocos años de mi vida, porque los he vivido con gran intensidad. Y digo pocos años, porque para mí es lo mismo que para aquella viejita a quien San Martín preguntó qué edad tenía, y ella le contestó que era muy niña, porque tenía la edad de la Patria.

Para mí la vida empieza el día en que mi camino se encontró con el camino del general Perón, día que yo siempre he llamado "mi día maravilloso".

Por eso, desde el día en que conocí al general Perón, yo le dediqué mis ensueños de argentina y abracé la causa del pueblo y de la Patria, dando gracias a Dios de que me hubiese iluminado para que, joven aún, pudiera brindar mi vida al servicio de una causa tan noble como la causa de Perón.

LA EXPLICACION
DEL PERONISMO

Yo me di cuenta de que *la historia del peronismo necesitaba una explicación*, y de que esa explicación sólo se puede dar ubicando al peronismo en la historia de nuestro pueblo, y, más aún, en la historia del mundo. Y advertí que era también necesario poseer algunos conocimientos de historia universal y de la filosofía de la historia, reconozco que solamente me he

16

detenido en las páginas que se ocupan de los grandes hombres, porque he tratado siempre de hacer un paralelo entre los grandes hombres y el general Perón.

PARALELO ENTRE GRANDES HOMBRES

La comparación de nuestro Líder con los genios de la humanidad siempre me resultó interesante, y he llegado, tal vez por mi fanatismo por esta causa que he tomado como bandera —y todas las causas grandes necesitan de fanáticos, porque de lo contrario no tendríamos ni héroes ni santos—, a establecer un paralelo entre los grandes hombres y el general Perón.

Todos ellos —los grandes hombres del pasado— lucharon por un imperio, por encontrarse a sí mismos...

EL PERONISMO EN LA HISTORIA DEL MUNDO

El general Perón lucha por algo más grande: lucha por encontrar la felicidad del pueblo argentino.

Solamente con el conocimiento de la Historia, sobre la que me he detenido bastante, y con mi gran amor por la causa de Perón, yo voy a tratar de cumplir aquí con este curso, explicándoles a ustedes la historia de nuestro movimiento, como lo veo en la historia del mundo y la historia de los pueblos.

LA INTUICION DE LA MUJER

El general, en su discurso inaugural, hizo un elogio de la intuición femenina; yo creo también en la intuición femenina

17

de una manera especial y me permito acudir a esa intuición en este momento, y las alumnas y alumnos pueden colaborar conmigo para tratar de profundizar y de ahondar así nuestra historia del peronismo.

INTUICION: INTELIGENCIA DEL CORAZON

La intuición no es para mí otra cosa que la inteligencia del corazón; por eso es también facultad y virtud de las mujeres, porque nosotras vivimos guiadas más bien por el corazón que por la inteligencia. Los hombres viven de acuerdo con lo que razonan; nosotras vivimos de acuerdo con lo que sentimos; el amor nos domina el corazón, y todo lo vemos en la vida con los ojos del amor.

LO QUE CUESTA UN HOMBRE

Yo aquí, como mujer y como peronista, voy a tratar de profundizar la historia del peronismo con el corazón. Los hombres sienten y sufren menos que nosotras. No es un defecto; la naturaleza, que es sabia, sabrá por qué lo ha hecho.

Pero nosotras las mujeres, cuando amamos a un niño, cuando amamos a un anciano, tratamos de consolidar su felicidad. Los hombres con más facilidad pueden destruir, haciendo la guerra. *Ellos no saben lo que cuesta un hombre*; nosotras, sí.

ETERNA VIGIA DE LA REVOLUCION

Cuando una mujer tiene la intuición de que un hijo que se

halla lejos está enfermo o le ha pasado una desgracia, es porque siente y ve con los ojos del alma y del corazón; es porque la mirada se ha alargado más allá: la mirada del amor, que siente, presiente y ve todo. Es por eso que yo he querido ser, como mujer argentina, la eterna vigía de la Revolución, porque quiero ser una esperanza dentro de nuestro movimiento, para poder colaborar con la obra patriótica y ciclópea de nuestro Líder, de construir una nación socialmente justa, económicamente libre y políticamente soberana.

LOS PERSONAJES
DE LA HISTORIA

Pero para poder lograr ver la obra ciclópea del general Perón hay que buscar la luz en otros factores: en el pueblo y en el Líder. *La historia del peronismo que yo vengo a dictar aquí no será más que la historia de ellos, de esos grandes amores de mi vida que, junto con la Patria, llenan todo mi corazón.*

Para que la historia de estos siete años que todos nosotros vivimos tan felizmente sea explicada, tenemos que empezar por definir quienes fueron sus personajes.

Pero en realidad, si se analizan a fondo todos los personajes de la historia, hallaremos allí solamente dos clases: los genios y los pueblos, y aquí, *en la historia del peronismo, no hay más que dos personajes, solamente dos: Perón y el pueblo.*

El genio y el pueblo van escribiendo, con tintas brillantes y oscuras, los millares y millares de capítulos que componen la vida de la humanidad.

En general, la historia del mundo es la suma de esas dos historias, que corren juntas. Yo sé que sobre este tema de los pueblos y de los grandes hombres es mucho lo que se ha escrito, y que quizás mis puntos de vista en esta materia sean discutibles, pero yo tengo sobre toda otra explicación una ventaja extraordinaria.

Nosotros estamos viviendo una época maravillosa, una época que no se da en todos los países ni tampoco en todos los siglos, y ésta es una verdad indiscutible. Los críticos, los supercríticos, los detractores de Perón, podrán escribir la historia como les parezca, como se les antoje, deformando o tergiversando, ¡o diciendo la verdad! pero *lo que no podrán decir, explicar ni negar jamás, es que el pueblo lo quiso a Perón.*

LOS GRANDES HOMBRES Y LOS GRANDES PUEBLOS

Explicar este hecho es casi explicar toda la historia del peronismo, pero este hecho resultaría inexplicable si no repasamos en la historia universal el problema de los pueblos y de los hombres, o el problema de los grandes hombres y de los grandes pueblos.

Hoy quiero decir sobre esto solamente algunas cosas, algunos conceptos generales, para analizar en otra clase, ya profundamente, en particular, el tema de *los pueblos en la Historia,* y luego la apasionante materia de *los grandes hombres;* para después abordar el tema de la agrupación de hombres en el mundo y tomar después el de las revoluciones, para llegar así a nuestra revolución justicialista, y hacer la comparación, que será siempre ventajosa.

Porque nuestra revolución ha sido hecha por un gran hombre, apoyado por un gran pueblo que buscaba su felicidad y cuyo camino le marcó su conductor.

Solamente quiero hoy analizar el problema en términos un poco generales.

LOS CAMINOS DE LA HISTORIA

Cuando nosotros, desde este balcón alto del siglo XX, damos vuelta hacia el pasado, advertimos en seguida que la historia del mundo no es un camino que llega recto hacia nosotros.

No, la historia que nosotros vemos desde aquí nos parece un camino montañoso, que tiene sus valles y sus montes.

Los valles son los ciclos vacíos de los grandes pueblos, ciclos en que los pueblos han perdido su tiempo luchando sin objetivos y sin grandes ideales.

Los montes son aquellas etapas altas del camino, en que se ha dado el milagro de que "*el hombre*" encuentre la manera de conducir a un pueblo hacia sus altas regiones, o de que "*un pueblo*" encuentre a "*un hombre*" que lo sepa conducir para escribir una página brillante en la historia de la humanidad.

INDIVIDUALISTAS Y COLECTIVISTAS DE LA HISTORIA

Algunos creen que a la historia la hacen avanzar solamente las grandes personalidades: *éstos* son los *individualistas de la historia*. Carlyle, por ejemplo, decía en su gran obra "Los héroes" que "*la historia universal es, en el fondo, la historia de los grandes hombres*".

Otros, en cambio, afirman que la historia es obra exclusiva de los pueblos: son los *colectivistas de la historia*. Ellos son los que afirman, por ejemplo, que aun cuando San Martín no hubiese venido a conducir a los ejércitos criollos a su destino de gloria, otro hubiera ocupado su lugar y hecho lo mismo.

LOS GENIOS NO TIENEN EXPLICACION

Los genios no tienen explicación en el medio en que nacen. No son los pueblos ni los siglos las causas de los grandes genios.

Por eso muchas veces la historia tiene que resignarse a dar como única explicación de genio la que dio de Napoleón, llamándolo simplemente *"el hombre del siglo"*, *"el corso singular"* o *"el escultor de su tiempo"*.

A veces, como en el caso de Napoleón, ni el mismo genio se explica, y debe acudir a una frase inexplicable: *"yo soy un trozo de roca lanzado en el espacio"*.

De él pudo decir, tal vez con cierta razón, uno de los historiadores de la época: *"Napoleón llegaba a edades remotas"*, lo que es dar una explicación a algo inexplicable.

LOS PUEBLOS NO AVANZAN
SIN CONDUCTOR

Los grandes hombres no tienen su causa en el medio en que se desarrollan, pero tampoco los pueblos solos pueden avanzar en la historia sin tener quien los conduzca.

Por eso no todos los siglos, ni todos los pueblos, tienen la gracia de encontrar al hombre que necesitan. Y es una verdad indiscutible que los pueblos sienten necesidad de grandes encarnaciones; es así como pueblos que no las han tenido, han exaltado a ciertas figuras imaginarias, como hicieron los romanos con Rómulo y los españoles con el Cid, figuras casi mitológicas, convirtiéndolas en personajes más o menos gloriosos, que pasaron a ser arquetipos de la nacionalidad.

Al mirar la historia de la humanidad desde este punto de vista, no encontramos otra cosa que pueblos en busca de grandes hombres y, también, muchas veces, hombres en busca de grandes pueblos. Cuando se encuentran los dos, entonces el siglo se viste de gloria y marca en la historia una página brillante, para que en ella se escriban sus hazañas y sus nombres. *Lo importante es que los dos, pueblo y genio, se encuentren.*

¿POR QUE NOS VOLVEMOS TAN ATRAS?

A ustedes les parecerá extraño que yo, una mujer humilde de la Patria, al tratar un tema eminentemente partidario como la historia del peronismo, esté divagando entre pueblos y grandes hombres y haya ido a la historia universal para hablar de una cuestión tan contemporánea como la nuestra. Pero quiero hacer con ustedes un estudio profundo de la historia del peronismo; y Perón, que es para mí de los grandes, no sólo por sus grandes obras, sino también —como lo vamos a ver en clases posteriores— por sus pequeñas cosas, ha realizado todo esto que, repasando la historia, no vemos en ningún otro hombre con la perfección con que las lleva a cabo este hombre singular de los quilates del general Perón.

LA HISTORIA UNIVERSAL Y LA HISTORIA DEL PERONISMO

La *historia del peronismo*, como la definiré más adelante, se reduce a dos personajes: el genio y el pueblo, Perón y los descamisados.

Para estudiarla, hay que hacerlo profundamente, y yo quiero llevar esto un poco por la historia universal, para después situarnos en la historia que nosotros los argentinos estamos escribiendo a diario con nuestro apoyo, con nuestra fe y con nuestro trabajo silencioso y a veces de renunciamiento, colaborando con la obra ciclópea y patriótica del general Perón.

LA CULTURA Y LOS GRANDES HOMBRES

Decía un gran escritor, en sus "Reflexiones de la historia del mundo", que *"no le es dado a cada época tener su grande hombre no le es dado tampoco a cada genio encontrar su siglo, y tal vez haya en alguna parte grandes hombres para grandes cosas que no existen".*

Mucha gente piensa que los grandes hombres no podrían surgir en estos tiempos de progreso y de civilización, que han creado grandes masas de hombres cuya cultura superior impediría que se desarrolle un hombre o un personaje extraordinario que solamente podría llegar a conducir hombres poco cultos u hombres y mujeres poco civilizados.

Pero este argumento se derrumba fácilmente: el culto de los héroes no es de los incivilizados, sino de los civilizados.

MAS CULTO UN PUEBLO, MAS GRANDE SU CONDUCTOR

Es tal vez, sin duda, mucho más difícil que una personalidad genial triunfe en un pueblo culto; pero, allí donde triunfa, ese hombre tendrá también el derecho de ser honrado con el título de *grande*. Más aún, podemos afirmar, con la experiencia de la historia, que los pueblos más cultos son los que han tenido siempre la suerte de ser iluminados por los meteoros de los genios, y creo que, a veces, los grandes hombres se encuentran, por esta misma razón en el mismo siglo y aun en el mismo pueblo, como Aristóteles y Alejandro, como Goethe y Napoleón, como Bolívar y San Martín.

COEXISTENCIA DE GRANDES HOMBRES

Muchas veces, incluso, la historia nos muestra cómo estos grandes hombres se enfrentan unos a otros, y así se ha dado el diálogo de Alejandro con Diógenes:

—¿Qué quieres de mí? —preguntó Alejandro a Diógenes.
—Que te alejes dé mí, porque me quitas el sol —le respondió Diógenes.

Y dice la historia que Alejandro se fue murmurando: "Si no fuera Alejandro, quisiera ser Diógenes".

LA HISTORIA, CREACION DE HOMBRES Y PUEBLOS

Evidentemente, la aparición de hombres extraordinarios en la historia no está sujeta a ninguna ley. Los genios conductores pueden aparecer en medio de pueblos cuya masa tenga un nivel cultural superior.

La historia es *creación de los hombres* que saben iluminar el siglo con la marca de su propio carácter y sus propias realizaciones, y que se destacan de sus contemporáneos como una montaña en medio de una llanura. ¡Por eso son grandes!

La historia es también *creación de los pueblos*, porque si los pueblos sin conductores casi no avanzan en la historia, tampoco la historia avanza nunca sin grandes pueblos, aunque tengan grandes conductores, porque éstos sucumben por falta de colaboración, a veces por cobardía y a veces por incomprensión.

NO ME SERA POSIBLE DECIR TODO LO QUE ES PERON

A mí me ha de ser un poco difícil presentar aquí la figura de nuestro gran conductor, porque solamente tengo la elocuencia de una mujer sencilla, de pueblo. Presentarlo a Perón o descubrir su personalidad es tan difícil como a un poeta o a un pintor querer pintar o describir al sol. Para ver cómo es el sol, que salgan y lo vean, y aun viéndolo se deslumbrarán. ¡Yo, para poder hacerles conocer a Perón, los invito a ustedes a que salgan y lo vean!

ENCUENTRO ENTRE LOS
GRANDES PUEBLOS

Me he preguntado, estudiando un poco a los grandes hombres para poder también estudiar a un hombre extraordinario de los quilates del general Perón: ¿cómo podría remediarse esto de que los grandes pueblos y los genios no se encuentren en el mismo siglo?

Creo que me ha sido posible llegar a una conclusión, conclusión que es más bien producto de un razonamiento lógico, que me ha sido dado por la experiencia de nuestro movimiento en la historia de nuestro pueblo y en la historia del mundo.

Nuestro pueblo ha vivido una larga noche, hasta encontrar a un genio como es el general Perón. Y ha podido mantener sus valores morales y espirituales intactos, para reconocer al genio, apoyarlo, iluminarlo y darle fe con su cariño, con su consecuencia y con su tenacidad constante ante los embates de los intereses más crudos del más rancio capitalismo.

CREANDO UN ESTADO
DE CONCIENCIA

Nosotros, como bien dice nuestro Presidente, podemos jactarnos de que *"lo mejor que tenemos es el pueblo"*. La grandeza de Napoleón —volviendo hacia los grandes de la historia universal— reside no tanto en haber iluminado su propio tiempo sino en haber creado en el pueblo *un estado de conciencia* que ha sobrepasado a su siglo y a su genio.

Por eso, a pesar de que Napoleón hizo padecer tanto a los franceses, éstos siguen inclinándose ante su memoria en *Los Inválidos*. Y lo más importante aún es que siguen sintiéndose unidos a él.

Y ese sentimiento es *"estado de conciencia"*, que por unir a todo un pueblo puede en cierto modo llamarse conciencia social.

Es lo que nuestro querido Líder ha logrado, y tenemos nosotros que ayudarle a afianzar la conciencia social que permita que cuando él, el grande, tenga que alejarse de nosotros por la ley de la vida, el pueblo pueda sobreponerse a los hombres de menos quilates —porque no todos son grandes hombres— para imponerles su acción.

La doctrina debe estar arraigada en el corazón del pueblo, para que éste pueda hacerla cumplir al más mediocre de todos los gobernantes que pudieran venir. Nosotros estaremos unidos al nombre del general Perón, que, por grande, sobrepasará muchos siglos. ¡Si no ocurriera así, los argentinos no mereceríamos el calificativo de gran pueblo, por no haber sabido valorar y aquilatar a un hombre como el general Perón!

CUANDO UN PUEBLO
SE QUEDA SIN CONDUCTOR

Cuando un pueblo tiene la desgracia de quedarse sin su conductor, como decía hace un momento, la verdad histórica nos prueba que solamente puede seguir su camino en la noche sin perderse, si su conductor desaparecido ha logrado crear en el pueblo esa conciencia social, dándole *unidad*, que es como decir dándole *un ideal común, un mismo espíritu*, que es el espíritu que forman y que dejan como un sello permanente e indeleble en los corazones de los pueblos los grandes conductores.

Yo, que tengo el placer de compartir casi todas las horas del día con todos los hombres humildes de mi patria, puedo casi asegurar desde esta tribuna que el *general Perón ha logrado crear ya esa conciencia social, que ha inculcado en el pueblo argentino.*

GENIO Y CAUDILLOS

Nosotros la tenemos que perfeccionar, y para ello no podemos distraer la doctrina del genio en crear caudillos; no podemos distraer la doctrina del conductor, que es la felicidad de todos los argentinos, para favorecer a un grupo.

Para favorecernos a nosotros mismos debemos ser amplios, grandes como la doctrina del General, y utilizarla para engrandecer a la Patria, utilizarla para consolidar la independencia económica; utilizarla para lograr la felicidad del pueblo argentino y utilizarla para que por siempre sepan los pueblos del mundo que los argentinos somos *políticamente soberanos, económicamente libres y socialmente justos.*

LOS GENIOS NO NACEN CADA DIA

Esta tribuna se ha abierto para inculcar la doctrina en todos los peronistas. Y yo me alegro de que ustedes sean peronistas y de que estén en la lucha.

No se dejen llevar por un entusiasmo pasajero. Piensen que los pueblos que quieren consolidar un movimiento no tienen más que un hombre grande, y muy de tanto en tanto; y que los grandes hombres no nacen por docenas, ni dos en un siglo: nace uno cada varios siglos, y tenemos que agradecer a Dios que nos haya favorecido con el meteoro del genio entre nosotros.

Además, debemos convencernos de que *no es lo mismo servir a un genio que servir a un caudillo*, de que *no debemos tomar la política como un fin, sino como un medio* para servir al prócer y a la causa. Por lo tanto, nosotros nos debemos sentir apóstoles de la obra y servidores de la causa de un grande hombre.

LOS CAUDILLOS

Los caudillos en nuestro país han utilizado siempre a los hombres humildes, y han utilizado sus posiciones para servir intereses mezquinos o bastardos. Ellos, llegados al poder, han olvidado al pueblo y a veces incluso lo han desconocido.

28

Por eso nosotros, los argentinos, y sobre todo los peronistas, que tenemos el privilegio de tener un genio, como yo califico desde ahora al general Perón, no nos podemos detener en la baja politiquería de servir a un caudillo, de querer "levantar" hombres, porque ha aparecido en la República Argentina un genio, ¡y los genios nacen, no se hacen!

Por tratarse de compañeros que están en la lucha honrosa de hacer conocer nuestra doctrina, de tratar de inculcarla a muchos otros compañeros que luchan por ideales comunes, me he de referir a este punto expresamente en otra clase.

NUESTRO SIMBOLO
ES UNA REALIDAD VIVA

Pensemos que todas las patrias, al crear un símbolo, lo han hecho para mantener su unidad espiritual y nacional.

Nosotros, que no hemos tenido que andar por muchos siglos buscando al *"hombre"*, como lo buscaba *Diógenes*, que lo hemos encontrado porque él ha venido a nosotros, nos ha hablado y nos ha traído sus ensueños patrióticos y sus magníficas realizaciones, nosotros pongámonos entonces a trabajar honradamente, *pongamos el hombro y el corazón* para que las futuras generaciones de argentinos puedan decir que esta generación ha sido. benemérita de la Patria, porque habiendo encontrado al genio lo supo apoyar y acompañar sin retaceos y sin mezquindades.

HEMOS HALLADO AL "HOMBRE"

Nosotros hemos encontrado al "hombre"; no tenemos ya más que un solo problema: que cuando el hombre se vaya, como dice nuestro Líder, la doctrina quede, para que sea la bandera de todo el pueblo argentino.

No ha de ser la aspiración del pueblo argentino —y sobre

todo la nuestra de peronista, a quienes me dirijo al hablar en esta clase— la de trabajar con ropa hecha.

Nosotros *queremos una obra de arte, y las obras de arte no se venden en serie, sino que son obras de un artista que las ha creado.* Por lo tanto, no se pueden comprar al por mayor ni fabricarlas todos los días.

EL JUICIO DE LAS FUTURAS GENERACIONES

Nosotros *queremos una obra de arte*, y tenemos al *artista.* Sepamos aprovecharlo para bien de la Patria; sepamos aprovecharlo para nuestros hijos y para todos los que vendrán, y tratemos de que los argentinos del mañana no tengan que decir, al hablar de ese hombre que está quemando su vida en aras de la felicidad de la Patria y de su grandeza: ¡Cuánto hicieron sufrir los argentinos, por su incomprensión, a un patriota! Sobre todo nosotros, los peronistas, que tenemos el insigne honor de compartir la responsabilidad de construir esta Nueva Argentina, debemos abrigar la esperanza de que no se diga eso de nosotros, y juramentarnos trabajando todos por *Perón*, por la *Patria* y por su *pueblo.*

UNIDAD Y ESPIRITU DE LOS PUEBLOS

La historia de los pueblos es, en síntesis, como lo veremos en nuestra próxima clase, *la historia de sus luchas por conseguir esta unidad y este espíritu de que estoy hablando.* Porque los pueblos saben solamente que este espíritu y esta unidad podrán salvarnos de los períodos vacíos en los que la noche cae sin ninguna estrella, aun sobre los pueblos que creyeron alcanzar el privilegio de la eternidad.

Es necesario que repasemos todas estas cosas de la historia universal para entender nuestro movimiento peronista y apreciarlo debidamente. Al pueblo argentino hay que mirarlo a través de sus vicisitudes y también, ¿por qué no decirlo?, a través de las vicisitudes de los demás pueblos.

LA CONCIENCIA SOCIAL
DE LOS PUEBLOS

Tendríamos que detenernos un poco más para analizar el problema de la conciencia social que nuestro Líder proclamó como necesidad fundamental.

El general Perón hace unos días, al inaugurar el Congreso Interamericano de Seguridad Social, proclamó que él ambicionaba crear una *conciencia nacional,* y que creía que todos los pueblos deberían tratar de lograrla, para que los pueblos, una vez que la tuviesen, pudieran aplicarla a los gobernantes que se desviaran del buen camino, para que cumplieran sus inquietudes y sus esperanzas.

Unicamente un hombre sincero y honrado, un gobernante de los quilates del general Perón, puede hablar con esa sinceridad, con la sinceridad de un apóstol.

Unicamente el general Perón puede decir, con la frente bien alta, que quiere que el pueblo, en cualquier momento y en todo instante, le señale el camino. *El General sólo quiere —cosa rara en este siglo— auscultar los latidos del corazón popular.*

LA UNIDAD DE MEDIDA
PARA PERON

Y tendremos que buscar en la historia de los grandes hombres la unidad que nos permita medir la grandeza de nuestro Líder.

Será éste nuestro primer trabajo. Yo invito a los alumnos de esta escuela superior a que hagan el camino conmigo, aunque yo no pueda guiarlos con toda la ciencia necesaria. Ustedes me podrán perdonar pensando que pongo en este trabajo, que para mí es tan difícil, todo mi amor, mi fe y mi fervor peronistas.

HISTORIA Y FANATISMO

Los críticos de la historia dicen que no se puede escribir la historia ni hablar de ella si se lo hace con fanatismo, y que nadie puede ser historiador si se deja dominar por la pasión fervorosa de una causa determinada. Por eso yo me excluyo de antemano. *Yo no quiero, en realidad, hacer historia, aunque la materia se llame así. Yo no podría renegar jamás de mi fanatismo apasionado por la causa de Perón.* Yo solamente quiero hacer lo que dije aquí el día que inauguramos esta escuela: que aprendamos, si es posible, que aprendamos a querer aún más al general Perón. Eso es lo que voy a hacer, y lo confieso honradamente pensando en Perón, en su doctrina y en el movimiento. Partiendo de aquí trataré de hacer la historia del peronismo.

UNA SOLA COSA CON PERON

Yo voy a hacer aquí la historia del peronismo al servicio de la doctrina de Perón y de la causa. Puedo tal vez hacerlo, porque saben bien todos ustedes, peronistas de la Patria, que Eva Perón, por ser Eva Perón, es una misma cosa con Perón: *donde está Perón, está Eva Perón.*

Y pretendo ser eso, porque quiero que cuando vean llegar a Eva Perón, ustedes sientan la presencia superior del líder de la nacionalidad.

No ambiciono nada más que comprenderlo en sus[7] inquietudes, en sus sueños y en sus ideales patrióticos. En estos ocho años de mi vida junto al Líder no he hecho más que auscultar su corazón, para interpretarlo y conocerlo, y también para llevar su pensamiento a los compañeros que luchan por ideales comunes.

LOS ERRORES DE LA LUCHA

Ustedes habrán visto que Eva Perón jamás ha hecho una cuestión personal. Y como sé que es desgraciado aquel que no se equivoca nunca, porque no hace nada, cuando me he equivocado he reconocido inmediatamente el error y me he retirado, para que no fuera a ser yo la causa de un error que pudiera perjudicar al movimiento. Así deben ser ustedes, honrados para reconocer cuando se equivocan, y honrados y valientes para hacer llegar, en cualquier momento, a todos los peronistas, la voz sincera, valiente y doctrinaria de nuestra causa. Ha de ser grande la causa del General cuando nosotros, en lugar de someternos y conformarnos con los viejos "comités", escuchando la voz del Líder, formamos unidades básicas de la Nueva Argentina en la vida política, tanto en lo que se refiere a los compañeros como a las compañeras.

Pero no nos conformamos con eso los peronistas, porque el general Perón es hombre de creaciones y de realizaciones. Es por eso que se ha creado esta Escuela Superior Peronista, para esclarecer mentes, para que conozcan, sientan y comprendan más aún, si es posible, esta doctrina, de la cual algunos de ustedes serán los *realizadores*, y otros, como dijo nuestro querido Presidente y Líder, los *predicadores*, que irán por todos los caminos polvorientos de la Patria diseminando las verdades de esta Nueva Argentina y de un genio al que debemos aprovechar.

No se olviden que —según dijo Napoleón— los genios son un meteoro que se quema para iluminar un siglo.

CAPITULO II

LA HISTORIA Y LOS GRANDES HOMBRES

En la primera clase, para demostrar que la historia universal no es más que la suma de dos historias: la de los grandes hombres y la de las grandes masas, dijimos que los individualistas creen que la historia la realizan solamente los *grandes hombres,* y que los colectivistas prescinden de los grandes hombres y creen en las *grandes masas.* Pero nosotros tenemos nuestra *tercera posición,* y es por eso que dije, en mi primera clase, que nosotros aceptábamos a los grandes hombres y a las grandes masas como los que pueden ser, unidos, los constructores de la felicidad y de la prosperidad humanas.

LA HISTORIA Y LOS HOMBRES

En la clase de hoy vamos a analizar cómo se ha escrito la parte de la historia correspondiente a los grandes hombres.

Existen, indudablemente, desde el punto de vista de su relación con la historia, *varias clases de hombres: comunes o mediocres, hombres superiores y hombres extraordinarios.* En esta clasificación no tienen nada que ver ni el origen, ni la clase social, ni la cultura. Existen hombres mediocres y comunes entre los cultos, existen hombres superiores entre los humildes. Humildes obreros lo han comprendido a Perón como no lo han comprendido los que se creían cultos, y con eso han demostrado los obreros, los hombres humildes de nuestra patria, que eran hombres superiores.

Esto no sucede por primera vez en el mundo. Frente a todos los hombres extraordinarios, lo mismo que frente a las grandes ideas, siempre se han levantado los sabios y los inteligentes para atacarlos, como así los humildes y los menos cultos para apoyarlos. El caso de Colón, un humilde pescador, frente a los sabios de la corte española; el caso de Cristo, a quien los escribas y sacerdotes de aquella época negaron y, en cambio, humildes pescadores lo hicieron conocer por todo el mundo y, además, lo apoyaron.

LOS HOMBRES MEDIOCRES
Y LOS HOMBRES SUPERIORES

No puedo resistir a la tentación de analizar un poco este tema de comparación de los *hombres mediocres* y comunes con los *hombres superiores*, sobre todo *porque aspiro a que cada peronista sea un hombre superior*. No digo que alcance a ser genial, porque los genios no nacen todos los días ni en todos los siglos; pero sí ambiciono que lleguen a ser hombres superiores.

Nosotros, por sobre todo, tenemos al genio. Los peronistas contamos con los hombres —y al decir los hombres incluyo también a las mujeres— superiores.

Y el pueblo argentino, como todos los pueblos, por desgracia, tiene también sus hombres mediocres. Hombres mediocres y hombres superiores que hoy vamos a comparar más profundamente. Se entiende, vuelvo a decir, que al hablar del hombre me refiero también a la mujer.

Los mediocres no recorren sino *caminos conocidos*; los superiores busacn siempre *nuevos caminos*. A los mediocres les gusta andar sobre las cosas hechas; a los superiores les gusta crear.

Los mediocres se conforman con un éxito; los superiores aspiran a la gloria, respiran ya el aire del siglo siguiente y viven casi en la eternidad. Un pintor que suele copiar cuadros y otro pintor que crea por ejemplo: el primero es un hombre mediocre, el segundo es un hombre superior; por eso al creador se lo define con el título de artista.

Los mediocres son los inventores de las palabras prudencia, exageración, ridiculez y fanatismo. Para ellos el fanatismo es una cosa inconcebible. Toda nueva idea es exagerada. El hombre superior sabe, en cambio, que fanático puede ser un sabio, un héroe, un santo o un genio, y por eso lo admira y también lo acepta y acepta el fanatismo.

Para un hombre superior, una idea nueva puede ser un descubrimiento de algo grande por ejemplo, un mundo nuevo como el mundo que descubrió Colón, un hombre de origen tan sencillo. *Un hombre común o mediocre nunca profundiza una cosa y menos ama; el amor para él es una ridiculez y una exageración.* Un hombre superior, en cambio, es capaz de amar hasta el sacrificio. Muchas veces, cuando los hombres aman hasta el sacrificio, son heroicos. Yo al ver que los hombres humildes de la Patria quieren tanto a Perón y hacen sacrificios tan grandes, pienso que estamos seguros, porque la bandera del pueblo, o sea la de Perón, la de los descamisados, está en manos superiores.

Es por eso que nosotros debemos hacer una diferencia muy grande entre el mediocre y el superior. No porque un hombre tenga mucho estudio ha de ser superior. Hay que hacer mucha diferencia entre los de gran cultura que creen que lo saben todo, porque algunos tienen también la soberbia del ignorante, que es la más peligrosa de todas.

Los mediocres nunca quieren comprometerse, y de esos nosotros conocemos a muchos. Son cobardes, *nunca se juegan por una causa, ni por nadie*; dirigentes políticos de las horas buenas y aprovechadores cuando el río está revuelto. Funcionarios de ésos, por ejemplo, que usan el distintivo solamente cuando van a Trabajo y Previsión.

JUDAS Y PILATOS

No alcanzan a ser Judas, pero son tan repudiables como Pilatos. Si prefiero el enemigo de frente a un "tibio", es porque los tibios me repugnan, y voy a decir aquí algo que está en las Escrituras: "Los tibios me dan náuseas".

Yo admiro más bien a los hombres enemigos, pero valientes. Hay que tener mucho cuidado con los Pilatos dentro de nuestra causa.

EL DESPRECIO, CASTIGO DE LOS MEDIOCRES

Dante ubicó a los mediocres, a los que no quisieron comprometerse ni con el bien ni con el mal, junto a los ángeles que no fueron ni fieles ni creyentes, pues se dice que una vez los ángeles en el cielo se pelearon. Unos estuvieron a favor de Dios y otros en contra. Entonces, Dios, a los que estuvieron a favor los mandó a la gloria, y a los otros, al infierno. Pero hubo un grupo de ángeles, de esos que abundan tanto entre los hombres, que no se comprometieron: ¡observadores!... Entonces Dios no los quiso poner en la gloria ni tampoco en el infierno: los puso en la puerta del infierno. Entonces, en *La Divina Comedia*, Dante le hace decir a Virgilio, que lo conduce: "Mira y pasa"; como diciéndole: "No vale la pena detenerse ante aquellos a quienes no quiso el cielo ni tampoco aceptó el infierno". *El eterno castigo de los mediocres es el desprecio.* Y nosotros, además del desprecio, debemos ignorarlos. A los mediocres los mata el anonimato. "*Los mediocres* —dice Hello en su libro *El hombre*— *son los enemigos más fuertes y más poderosos de todo hombre de genio*". Carecen de entusiasmo, de fe, de esperanza y, como es lógico, de ideales. Son los que se reían de los sueños de Perón, los que lo creyeron loco o visionario. Los hombres superiores creen en la belleza, en el amor y en la grandeza, creen en todo lo extraordinario, y por eso creyeron en Perón. Porque cada día que pasa nosotros nos damos cuenta de la estatura del general Perón.

EL GENERAL PERON Y LOS HOMBRES SUPERIORES

El general Perón es de esos hombres extraordinarios que polarizan la historia universal. Nosotros nos damos cuenta de que tiene todo lo bueno de los grandes hombres y de que no tiene nada de lo malo de los grandes hombres. Es por eso que los hombres humildes de nuestra patria —que yo voy a calificar de hombres superiores de nuestra patria— fueron superiores porque vieron a Perón y creyeron en él. Por eso el general Perón, con muy pocas palabras, ha calificado a esos hombres superiores, a esos hombres humildes de nuestro pueblo, diciendo que *lo mejor que tenemos es el pueblo.*

LOS HOMBRES EXTRAORDINARIOS

Los *hombres extraordinarios* forman la tercera categoría, que es la de los hombres que señalan rumbos, y que jalonan la historia.

Ellos son los sabios, artistas, héroes, filósofos, y están también los grandes conductores de pueblos.

A nosotros nos interesan, sobre todo y muy epecialmente, los filósofos y los conductores.

LOS FILOSOFOS

Los *filósofos* son los que *han pensado* en mejorar la vida del hombre sobre la tierra. Pero tenemos en cierto modo una filosofía de la vida nueva, ya que por filosofía nosotros entendemos una *manera de encarar la vida*, y algunos hombres extraordinarios se han creído y han enseñado a la humanidad *cómo se puede vivir, y de una manera mejor.* Estos hombres extraordinarios son los filósofos. Cuando los filósofos han tratado no sólo el problema personal, individual, del hombre, sino los problemas sociales, el Estado, la autoridad, la sociedad, el bien común, etc., entonces a este tipo de hombres extraordinarios la filosofía los llama *filósofos políticos.*

LOS CONDUCTORES

Conductores. Para nosotros, los conductores, tal como nos lo enseña Perón, son aquellos que han hecho vivir a los pueblos de una manera determinada, llevándolos como de la mano por los caminos de la historia.

Es esto lo que ha hecho el general Perón con nosotros. Tomó el país en un momento en que los argentinos habíamos perdido la esperanza, en un momento en que los argentinos habíamos llegado a adoptar cierto sistema de vida, porque lo creíamos bueno e inmejorable; tiempo, por ejemplo, en que los argentinos, cuando íbamos a comprar artículos, estábamos mucho más contentos si decían "Made in England", que cuando decían "Industria Argentina". Pero llegó un momento en que el pueblo había perdido la esperanza de encontrarse a sí mismo; llegó un momento en que las fuerzas del trabajo, los obreros de nuestra patria, habían también perdido la esperanza de un futuro mejor; llegó un momento en que, el país, sus fuerzas morales, materiales y culturales se estaban perdiendo en una noche que no tenía aurora.

En ese momento llegó el general Perón; en esa noche llegó el general Perón, y con una voluntad extraordinaria, con una clarividencia extraordinaria y con un profundo amor a su patria y a su pueblo, fue abriendo la selva y señalando el camino por el que el pueblo argentino lo iba a seguir para encontrarse con este venturoso día que estamos viviendo todos los argentinos, y que tenemos que consolidar y legar a los argentinos del mañana. *Para eso no sólo hay que gritar: ¡Viva, Perón!; para eso hay que comprenderlo, para eso hay que profundizarlo, y para eso hay que amar profundamente a la Patria y a las fuerzas del trabajo, que es amarlo a Perón.*

EL PERONISMO Y LA FILOSOFIA

¿Por qué nos interesan a nosotros los filósofos, los políticos y los conductores? ¿Qué tienen que ver con la historia del peronismo?, dirán ustedes. Esta es mi segunda clase, y yo sigo hablando con persistencia sobre este asunto porque el peronismo no se puede entender, ya que no es una doctrina política, sino como *la cumbre de un largo camino,* como una etapa, *la más alta para la historia argentina,* y también —¿por qué no decirlo?— nosotros pretendemos que sea *la más alta para la humanidad en el progreso del hombre,* y no se puede saber si una cumbre es más alta o más baja si no se la compara precisamente con las demás, con las otras cumbres, con las más altas.

Por eso estudiamos estos antecedentes universales con los cuales sabremos nuestra propia estatura.

El peronismo se precia de haber realizado, como yo lo dije hace un momento, lo mejor de los sueños de los grandes hombres y aun —¿por qué no decirlo con toda franqueza y sinceridad, si ése ha de ser el lema de nuestra escuela— de haberlos superado.

El peronismo realiza los mejores ideales de los filósofos y conductores de todos los tiempos, y para eso no hay más que estudiarlo, y ustedes me darán la razón.

De Sócrates, por ejemplo —el filósofo humilde de Atenas—,

ha tomado el peronismo el deseo de que los hombres sean justos y buenos; como Sócrates, el peronismo predica la igualdad y la hermandad entre los hombres y el respeto a las leyes, y aspira a *una sola clase,* que nosotros llamamos la clase de los que trabajan.

PLATON Y ARISTOTELES

De Platón y de Aristóteles desechamos los conceptos de clases y de esclavitud que ellos aceptaban pero, en cambio, aceptamos lo mejor de ellos: sus altos conceptos de la *justicia como virtud fundamental* del hombre que vive en la sociedad y, como ellos, creemos y sostenemos, en la doctrina y en la práctica, que por sobre la materia *lo superior es el espíritu.*

NUESTRO MOVIMIENTO ES DE BASE ESPIRITUAL

Se ha dicho mucho de nuestro movimiento que es materialista. Nada es más falso. ¿O es que nuestros enemigos son tan cobardes que no quieren, tal vez por vergüenza —y en esto tienen razón—, ver que tenían sumergido a nuestro pueblo por una explotación que, además de vergonzosa, no era digna de los argentinos, porque no sólo los había explotado materialmente, sino espiritualmente, ya que no les permitieron descubrir sus propios valores y sus propias posibilidades? ¿No son capaces de reconocer, que en 50 años, por no decir un siglo, habían sumergido a nuestro pueblo? ¿Que el general Perón, como conductor, como patriota y, sobre todo, como argentino y como hombre que ama profundamente al hombre, ha solucionado un problema apremiante como era el problema integral de la familia? Por eso, el entonces coronel Perón, desde la Secretaría de Trabajo y Previsión, tomó para sí la ardua tarea de resentir, tal vez, a los poderosos, no tanto por su doctrina, sino porque les tocó un poco en sus intereses, les tocó el bolsillo, que es la "víscera" que más les duele. Además, les hizo sentir que en nuestra patria debían tratar a todos los argentinos con la dignidad que merecen por el solo hecho de llevar el egregio nombre de argentinos.

Es por eso que se atreven a decir todavía que nuestro movimiento es materialista, y ustedes, hombres y mujeres humildes, pero superiores, saben que *nuestro movimiento es eminentemente espiritual porque se basa en la moral y exalta los valores morales del individuo y está por sobre la material.*

LICURGO, PRECURSOR
DEL JUSTICIALISMO

Uno de los precursores del peronismo, para nosotros, es Licurgo. He leído con gran cariño la vida de Licurgo, no precisamente porque me haya tocado el privilegio inmerecido de dictar esta clase sobre historia del peronismo, sino porque siempre me ha interesado la historia de los grandes hombres y porque Licurgo ha sido personaje que hay que estudiar y comprender, ya que cuanto más se lo lee más se lo admira.

Remontándonos a la antigüedad y observando un hombre que trabaja ya con un sentido tan justicialista, es por lo que el general Perón dijo los otros días que Licurgo fue quien realizó, tal vez por primera vez en el mundo, el ideal peronista que establece que *la tierra debe ser del que la trabaja.* Es así, como Licurgo repartió la tierra de los espartanos en partes iguales; y se dice que, en los tiempos de cosecha, Licurgo comentaba, al ver todas las parvas iguales, que parecía que la Laconia era una herencia que se había repartido entre hermanos, porque todas las parvas de toda la Laconia eran iguales.

Y más aún: para terminar con otra de nuestras preocupaciones fundamentales, de que existieran menos pobres y menos ricos, hizo desaparecer el dinero, realizando, también en eso, una revolución económica. Hizo acuñar monedas de hierro, porque de esa manera se terminaba con la ~dicia y la avaricia.

Asimismo, para destruir el distingo de clases, dictó una ordenanza que obligaba a que todas las puertas fueran iguales, tanto en las mansiones señoriales como en las humildes casas.

Por eso es que nosotros vemos en Licurgo tal vez al *primer justicialista que haya tenido la humanidad.*

OTROS PRECURSORES DEL PERONISMO

Pensamos también que precursores del peronismo fueron, sin duda, otros hombres extraordinarios de la jerarquía de los filósofos, de los creadores de religiones o reformadores sociales, religiosos o políticos, y también de los conductores. Y yo digo *precursores del peronismo* porque, como dije antes, nosotros hemos aceptado de las doctrinas y de los grandes hombres —digo nosotros queriendo decir nuestro conductor, porque Perón ya nos pertenece a todos los argentinos que lo hemos comprendido, que lo apoyamos y, como somos una gran familia, lo que hace Perón es de todos— todo lo bueno que tienen. Perón ha tomado lo mejor de sus precursores y ha creado también cosas nuevas.

Pero lo grande de Perón es que ha tomado de cada doctrina los conceptos humanos, los conceptos de la seguridad social, los conceptos de igualdad y de una sola clase.

El es un creador; cuanto más leemos la doctrina, cuanto más estudiamos a los hombres, más nos damos cuenta de que estamos frente a un hombre extraordinario, *un creador* que no tiene nada que envidiar a los grandes creadores de la humanidad. Yo diría que ningún hombre de este tipo puede dejar de considerarse, en cierto modo, de cerca o de lejos, propulsor de una doctrina. Por eso, en este marco de grandes, podríamos colocar a Confucio, a Alejandro, a Santo Tomás, a Rosseau, a Napoleón, e incluso a

44

Marx, quienes en algunos de estos casos no fueron más que alentados por las intenciones del bien común.

Todos ellos no son más que jefes de ruta de la humanidad, jefes de ruta que algunas veces equivocaron el camino, pero que por sendas derechas o torcidas vienen de muy lejos a terminar en nuestra doctrina y esta realidad magnífica que nos da Perón. Fueron creadores, y no fueron de ese grupo numeroso que les gusta andar sobre las cosas hechas: *fueron del grupo pequeño de los que les gusta crear.*

CRISTIANISMO Y PERONISMO

Para tomar un poco la doctrina religiosa, vamos a tomar la doctrina cristiana y el peronismo, pero sin pretender hacer aquí una comparación que escapa a mis intenciones. *Perón ha dicho que su doctrina es profundamente cristiana y también ha dicho muchas veces que su doctrina no es una doctrina nueva; que fue anunciada al mundo hace dos mil años, que muchos hombres han muerto por ella, pero que quizá no ha sido realizada aún por los hombres.*

Yo quisiera que ustedes profundizaran bien esta última frase, porque así comprenderían y verían más claro muchos puntos que a veces no comprendemos. No está en mi ánimo hacer comparación alguna entre la figura de Cristo y la de Perón —por lo menos yo no lo pretendo al decir estas palabras—, pero debemos recordar algo que dijo Perón no hace mucho, y fue esto: *Nosotros no solamente hemos visto en Cristo a Dios, sino que también hemos admirado en El a un hombre. Amamos a Cristo no sólo porque es Dios; lo amamos porque dejó sobre el mundo algo que será eterno: el amor entre los hombres".*

LA HUMILDAD CRISTIANA
DE PERON

Yo pensé que si hay un hombre que ama a los hombres, si hay un hombre humilde, generoso y extraordinario, dentro de su sencillez, ése es el general Perón, porque Perón no sólo es grande po. su *independencia económica*, no sólo es grande por su *justicia social* y por lo bien alta que mantiene la soberanía del país, no declamada como antes, cuando la entregaban por cuatro monedas al mejor postor, sino una soberanía que se mantienen en los hechos.

Perón no es grande solamente por eso, ni por haber creado su gran doctrina, Perón es grande también en sus pequeños detalles. Yo le oí decir no hace mucho a un ministro amigo, en un comentario que hizo hablando conmigo, porque conversamos muy a menudo —y ¿sobre qué otro tema se puede hablar conmigo que no sea el del General?—:

—Cuando me llamaron para ser ministro de Perón, tuve un poco de miedo. Lo había idealizado mucho a Perón y pensé si no sería cierto lo que decía Napoleón, que "ningún hombre es grande para su ayuda de cámara". Después de un año tengo que decir que Perón es tan grande que lo es también para su ayuda de cámara. Y nosotros, los ministros, ¿qué somos sino "ayuda de cámara" de Perón? Somos tan pequeños al lado de su grandeza que puedo afirmar que Perón ha superado lo que no ha superado ningún gran hombre. Es que Perón es humilde hasta en sus pequeños detalles.

LA DOCTRINA DE PERON
Y LOS HUMILDES

Pero volvamos al cristianismo. Nosotros los peronistas concebimos el cristianismo práctico y no teórico. Por eso nosotros hemos creado una doctrina que es práctica y no solamente teórica. Yo muchas veces me he dicho, viendo la grandeza extraordinaria de la doctrina de Perón: ¿Cómo no va a ser maravillosa *si es nada menos que una idea de Dios realizada por un hombre? ¿Y en qué reside?* En realizarla *como Dios la quiso. Y en eso reside su grandeza: realizarla con los humildes y entre los humildes.*

EL ESCANDALO DE LA
PALABRA JUSTICIALISMO

En medio de este mundo lleno de sombras en que se levanta esta voz justicialista que es el peronismo, pareciera que la palabra *justicialista* asusta a muchos hombres que levantan tribunas como defensores del pueblo, muchos más que el comunismo. Yo pensaba estos días, en una conferencia que me tocó presidir, si el mundo querrá de verdad la felicidad de la humanidad o sólo aspira a hacerle la jugada un poco carnavalesca y sangrienta de utilizar la bandera del bien para satisfacer intereses mezquinos y subalternos. Nosotros tenemos que pensar, y llamar un poco a la reflexión a la humanidad, sobre todo a los hombres que tienen la responsabilidad de dirigir a los pueblos. A mi juicio, el carnaval no dura más que tres días al año, y por lo tanto, es necesario que nos quitemos las caretas y que miremos bien la realidad, no cerrando los ojos a ella, y que la veamos con los ojos con que la ve Perón, con los ojos del amor, de la solidaridad y de la fraternidad, que es lo único que puede construir una humanidad feliz. Para eso es necesario que no repitamos la sangrienta payasada que le han hecho los "defensores" del pueblo a los trabajadores. Por ejemplo, durante 30 años se han erigido en defensores de ellos y han estado siguiendo a un capitalismo cruento, sin patria ni bandera; cuando una mujer de América levanta la voz para decir la palabra *justicialista,* se escandalizan como si hubieran pronunciado la peor de las ofensas que se pueda decir.

SOY UNA MUJER IDEALISTA

Yo soy una mujer idealista. He abrazado con amor la causa del pueblo, y en esto tengo que dar gracias a Perón y a Dios por haberme iluminado bastante joven como para poder ofrecer una vida posiblemente larga al servicio de la *causa del pueblo, que, por ser la causa del hombre, es una causa superior.* Como mujer idealista y joven, entonces, no podía aceptar y me daba náuseas —como decía Cristo—, que hombres tibios, pero cobardes, no sostuvieran con sinceridad, con honradez y con el espíritu de sacrificio que hay que sostener la verdadera bandera, que es la de la felicidad y de la seguridad mundial.

EL ROSTRO DE DIOS
EN LAS TINIEBLAS

Es por eso que cuanto más trato a los hombres, más amo a Perón. Me refiero a los *hombres que se erigen en dirigentes, y que son falsos apóstoles;* que lo único que quieren es llegar, para, después de llegar, traicionar. Por eso, cuando veo, en este mundo de sombras y de egoísmos, que se levanta la voz justicialista de nuestro peronismo, me acuerdo siempre de aquello que dijo León Bloy: "Napoleón es el rostro de Dios en las tinieblas". Acepto para nosotros esta frase por lo que significa, y, plagiando un poco a León Bloy, digo que para nosotros —y con mucha justicia y gran certeza— *Perón es el rostro de Dios en la obscuridad, sobre todo en la obscuridad de este momento por que atraviesa la humanidad.*

PERON ES BANDERA
DE LA HUMANIDAD

Perón no sólo es esperanza para los argentinos. Perón ya no nos pertenece. Perón es bandera para todos los pueblos con sed de justicia, con sed de reivindicaciones y con sed de igualdad. Yo he podido comprobar cómo nos envidian muchos porque lo tenemos a Perón; cómo nos quieren otros por lo mismo y cómo disfrutan otros pensando que hay muchos malos argentinos, y creyendo que los malos argentinos serán más que los buenos, y que lo dejarán pasar a Perón para poder cumplir ellos su política de imperialismo, ya sea de derecha o de izquierda. Pero en esta Argentina de que los argentinos nos sentimos orgullosos —no como antes, por una cuestión de novelería, porque no éramos argentinos con dignidad— hoy somos argentinos en toda la extensión de la palabra. Somos los argentinos que soñaron los patriotas de ayer, somos los argentinos ya reivindicados, a quienes ha colocado en el sitio de privilegio el genio, el creador, el conductor, el guía: el general Perón.

LO QUE ES PERON PARA NOSOTROS

Con estas incursiones por la filosofía diversa de la historia y con las comparaciones doctrinarias con nuestra doctrina y con nuestro Líder, el general Perón, ha querido que ustedes lo comprenden mejor a Perón. Yo no puedo descubrirles a Perón, porque, como bien dije hace poco, si un poeta quisiera cantarle al sol o un pintor pintarlo, yo los consideraría locos. Al sol no se puede cantarle ni pintarlo, hay que salir a verlo y, aun viéndolo uno se deslumbra. Yo los invito a ustedes a que salgan a ver a Perón, a que lo conozcan profundamente: se deslumbrarán, pero cada día lo amarán más entrañablemente y rogarán a Dios para que podamos obtener de este hombre extraordinario el mayor provecho posible para el bienestar de nuestro pueblo el engrandecimiento de nuestra patria.

Y cuando el general Perón se haya ido definitivamente en lo material, no se habrá alejado jamás del corazón de los argentinos, porque nos habrá dejado su obra y nos acompañará siempre su presencia superior.

CAPITULO III

LOS PUEBLOS EN LA HISTORIA

La historia universal es la historia de los *grandes hombres* y de las masas humanas que se llaman *pueblo*.

En mi clase anterior hemos hablado en líneas generales acerca de lo que han significado en la historia del mundo algunos de los grandes hombres.

Como primeras conclusiones podría decirse:

1º Que ningún hombre extraordinario puede dejar de considerarse precursor de nuestro movimiento peronista.

2º Que el peronismo ha tomado lo mejor que han concebido a través de la historia humana los filósofos y los conductores. El peronismo no sólo lo ha realizado, sino que lo ha superado.

Lo que los filósofos y conductores querían era la felicidad de los pueblos. Ningún pueblo ha sido tan feliz como lo es el pueblo argentino en este momento, gracias a Perón y a su doctrina.

Esto es, en síntesis, lo que hemos tratado en mis clases anteriores.

LA FELICIDAD DE LOS ARGENTINOS

Ustedes perdonarán que haga un comentario —antes de entrar al tema de hoy— acerca de la felicidad que hoy tienen los argentinos.

Nadie puede negar que nuestro pueblo es extraordinariamente feliz. El pueblo tiene lo que quiere. No hay inseguridad en el porvenir, puesto que trabajan todos los que quieren. Los pueblos amenazados no son felices porque no están seguros.

UN RECUERDO

Voy a traer un recuerdo de mi viaje por Europa. Al pasar por Francia e Italia, países con pueblos maravillosos, los veía angustiados..., precisamente porque pensaban en el porvenir. Porque ellos, hombres de una generación que había sufrido dos guerras, veían que de la noche a la mañana podían ser arrastrados a otra guerra, sin consultárseles siquiera.

Por eso es que, cuando andaba por las calles, tanto en Francia como en Italia, no oía más que un solo grito: "Queremos ir a la Argentina de Perón".

Ese grito, que podría parecer intrascendente, es profundamente significativo, máxime tratándose de pueblos tan lejanos y con una civilización tan grande...

Veían a la Argentina como la meta de sus sueños, de su seguridad y de sus esperanzas en un porvenir mejor.

Esas palabras, no dichas por algunos pocos —eran el "clamor" de todos los trabajadores—, me hicieron pensar muy profundamente en la obra extraordinaria que realizaba el General, y que había traspasado las fronteras de la Patria para hacerse bandera y estandarte de los pueblos trabajadores.

LA JUSTICIA EN EL MUNDO

Yo creo que hay muy poca justicia en el mundo. En muchos países existe —no lo dudo— una *justicia individual*, pero esa justicia es incompleta porque no interviene todo el pueblo en la

:olución de los graves problemas que afectan a los trabajadores y a los humildes, que forman la mayoría de los pueblos.

Solamente aquí los trabajadores viven seguros de que su patria es justa para ellos y saben que *hay justicia para todos*. Esa es una *base fundamental para la felicidad*.

UNA FELICIDAD QUE SE VE EN LAS CALLES

Yo sé que no son estas todas las razones que hacen feliz al pueblo argentino. Pero sé que el pueblo argentino es muy feliz, y no voy a enumerar todas las razones de esa felicidad porque el tiempo es corto.

Veo cómo se extienden los brazos para abrazar al General y cómo gritan su nombre con cariño. Cuando vivo esos momentos pienso que si nuestros adversarios "viesen", recién entenderían las razones de este vínculo entre Perón y su pueblo.

Cuando miro a Perón me siento pueblo, y por eso soy fanática del General; y cuando miro al pueblo me siento esposa del General, y entonces soy fanática del pueblo.

Cómo no voy a serlo, cuando veo que el pueblo lo quiere tanto a Perón, y para mí Perón es lo único que alienta mi propia vida; por él estoy dispuesta a entregar todos mis esfuerzos, para colaborar en la obra ciclópea de nuestro gran Presidente y Conductor.

Ustedes perdonarán mi largo prólogo; no siempre puedo resistirme a la tentación de *hablar del General*.

LA HISTORIA DE LOS PUEBLOS

Vamos a hablar hoy de la historia de los pueblos como antecedente fundamental de la historia peronista. En nuestro movimiento hay dos elementos fundamentales; el General nos ha enseñado a llamarlos *elementos de la conducción: son el pueblo o la masa, y el conductor.*

Muchas veces pienso que si el General hubiese nacido en otro lugar del mundo, no hubiera podido manifestarse lo extraordinario de su genio, porque le hubiera faltado un pueblo como el argentino para conducir.

LA JERARQUIA DEL PUEBLO ARGENTINO

Nuestro pueblo es indudablemente extraordinario. Yo no quiero entretenerme hablando de ese tema, pues tendría que disponer de varias horas para ello. Sin embargo, no puedo menos que recordar una cosa grande que solamente puede explicarse por la grandeza de nuestro pueblo, capaz de concebir y realizar un 17 de Octubre.

Para hacer lo que los descamisados hicieron, se necesitaban dos cosas: un prisionero como Perón y un pueblo como el nuestro para libertarlo.

UNA LECCION Y UNA EXPERIENCIA

Lo que dije yo cuando hablaba de la historia de los grandes hombres, tengo que repetirlo hoy al referirme a la historia de los grandes pueblos. Ustedes dirán: ¿para qué estudiar la *historia de los grandes pueblos* si a nosotros solamente nos toca estudiar, en nuestra materia, la *historia del peronismo?* Es que tenemos que comparar lo que es nuestro pueblo con relación a otros grandes pueblos de la humanidad que nos han precedido. Para llegar a esto que hoy es nuestro pueblo, la humanidad ha hecho muchos y grandes sacrificios y numerosos intentos, y cada intento ha dejado a los hombres una lección y una experiencia. Podemos así decir, entonces, que la *historia del peronismo es como la historia del mundo; es la suma de dos historias: la de Perón, que es el hombre extraordinario, y la de nuestro pueblo, que es un pueblo extraordinario.* Y así como la grandeza de Perón no se puede medir sino comparándola con la grandeza de los hombres extraordinarios que lo precedieron, tampoco puede medirse lo que ha hecho y lo que es el pueblo argentino si no apreciamos primero lo que han hecho otros pueblos en el afán de ser lo que somos: un pueblo libre.

MASAS QUE LUCHAN POR HACERSE PUEBLOS

Por eso voy a remitirme un poco a la historia universal para hacer una comparación de las esperanzas, de las inquietudes y de los afanes de grandes pueblos en busca de su propia felicidad.

La historia de los pueblos no es más que la larga enumeración de los esfuerzos con que las *masas humanas tratan de convertirse en pueblos.*

Este punto merece una aclaración especial, puesto que yo tengo un punto de vista con el cual creo que todos ustedes coinciden en cuanto a la *distinción entre masa y pueblo.*

El hombre civilizado se diferencia del hombre salvaje en una sola cosa fundamental: el hombre salvaje no tiene conciencia de su dignidad de hombre; es como si no tuviese alma humana; no tiene personalidad. El hombre civilizado tiene conciencia de su dignidad, *sabe que tiene un alma superior* y, sobre todas las cosas, *se siente hombre.* La misma relación podemos establecer entre la masa y el pueblo.

Las masas no tienen conciencia colectiva, conciencia social; los pueblos son, en cambio, masas que han adquirido conciencia social. Es como si los pueblos tuviesen alma, y por eso mismo sienten y piensan, es decir tienen personalidad social y organización social.

ESPARTA, PUEBLO Y MASA

Vamos a tomar un ejemplo. Napoleón decía que un ejemplo lo aclara todo. El pueblo espartano: en Esparta tenemos bien claro el ejemplo de pueblo y de masa.

Podemos decir con justeza que los espartanos constituyeron un gran pueblo. ¿Por qué? Porque *tuvieron las tres condiciones características de los pueblos: conciencia social, personalidad social y organización social.*

Tenían *conciencia social* porque cada uno se sentía responsable del destino común. Eso fue lo que lo hizo decir a Licurgo: *"No está sin muros la ciudad que se ve coronada de hombres y no de ladrillos".* Tal era el grado de conciencia social o conciencia colectiva que tenían los espartanos, que cuando alguien dijo a un rey de Esparta que Esparta se había salvado porque sus reyes sabían mandar, el rey contestó:

—No; Esparta se ha salvado porque su pueblo sabe obedecer.

Mejor podríamos decir que porque tenía conciencia colectiva, personalidad y organización social.

Individualmente, los espartanos tenían personalidad de pueblo y organización social. Pero esto vale solamente para el núcleo de ciudadanos de Esparta, constituido por los espartanos, que, como habíamos dicho, en los tiempos de Licurgo eran solamente nueve mil.

Ellos eran todos iguales ante la ley, participando en el gobierno y en las asambleas mensuales del pueblo. Ese era el *pueblo espartano.*

Pero frente a los espartanos podemos oponer a la masa *de los ilotas,* que sumaban más de 200.000, y estaban excluidos por los espartanos; constituían *una masa*. ¿Por qué? Porque no tenían la condición de pueblo, al no tener conciencia social, ni organización social, ni personalidad social. Ellos eran excluidos de Esparta. Los espartanos les prohibían reunirse, llevar armas, salir de noche y, como se multiplicaban, terminaron por autorizar a los jóvenes la cacería de ilotas un día al año.

Consecuencia del ejemplo: el cuadro que nos presenta Esparta nos hace ver el gran ejemplo del hombre, de la humanidad, que ha concebido y realizado, a través de los años, una lucha para convertirse en pueblo, para pasar de la esclavitud a la libertad, de la explotación a la igualdad y de ser un animal de trabajo a sentirse y ser hombre...

DIFERENCIA FUNDAMENTAL ENTRE MASA Y PUEBLO

Yo podría hacer una diferenciación fundamental, ante ustedes, de lo que es masa y de lo que es pueblo, como lo he dicho anteriormente. Masa: 1º, sin conciencia colectiva o social; 2º, sin personalidad social, y 3º, sin organización social. Esto es, para mi, masa. Pueblo: 1º, con conciencia colectiva y social; 2º, con personalidad social, y 3º, con organización social.

DIFERENCIAS SECUNDARIAS

Podríamos ofrecer una enumeración de diferencias secundarias.

La *masa* casi siempre *se expresa en forma violenta*. Por ejemplo: la Revolución Francesa y la Revolución Rusa de 1917, que luego estudiaremos. La masa *está formada por explotados*. La *masa no tiene conciencia de su unidad*. Por eso es dominada fácilmente por los explotadores. Y eso se explica muy fácilmente. Si tuviera conciencia de su unidad, de su personalidad social y de su organización social, una minoría no podía haber explotado a la masa, como han sido explotados y lo siguen siendo muchos pueblos en la humanidad.

EL PUEBLO SIENTE Y PIENSA

En la masa no hay privilegiados.

El *pueblo*, en cambio, *siente y piensa;* el pueblo expresa su voluntad en forma de *movimiento bien orientado,* firme y permanente. Podemos tomar, por ejemplo, al pueblo judío como una expresión de pueblo.

El pueblo judío, que estuvo dos mil años disperso por el mundo, ha luchado orgánicamente con una conciencia tan adentrada de pueblo, que ha conseguido el milagro de formar nuevamente su país en la tierra de la que fue arrojado hace casi dos mil años. Eso es lo que permanece cuando los hombres luchan organizados con conciencia y con personalidad de pueblo. Ese es un ejemplo muy interesante.

La Revolución de Mayo, la revolución americana en general y otras revoluciones también demuestran lo que son pueblos con conciencia y personalidad.

El pueblo está constituido por *hombres libres;* el pueblo tiene *conciencia de su unidad; por eso es invencible* y no puede ser explotado cuando es pueblo.

En el pueblo *todos tienen iguales privilegios;* por eso *no hay privilegiados.*

Todo movimiento que aspire a hacer la felicidad de los hombres debe tratar de que estos constituyan un verdadero pueblo. Esa es la historia de los pueblos, en cuyo largo camino las masas han luchado por alcanzar la gran dignidad de llamarse pueblos.

LA LUCHA DE PERON: CONVERTIR
A LAS MASAS EN PUEBLO

La historia del peronismo es ya una lucha larga de siete años para conseguir que una masa sufriente y sudorosa —como tantas veces la llamó el general Perón— se transformase en un pueblo con conciencia social, con personalidad social y con organización social.

Recuerden ustedes cuántas veces el general Perón habló a los obreros, a los industriales, a los comerciantes, a los profesionales, a todos, diciéndoles que debían organizarse.

Es que nuestro gran maestro, conductor y guía; el General, pensó que para que nuestro movimiento fuera permanente era necesario que esa masa sufriente y sudorosa pasase a ser pueblo con personalidad propia.

Perón quiere un pueblo que sienta y que piense, que actúe bien orientado; por eso señaló tres grandes objetivos: justicia social, independencia económica y soberanía política.

Pero quiere un pueblo unido, porque así nadie lo explotará ni se verá vencido por ninguna fuerza del mundo. Perón quiere *un pueblo en el que todos sean privilegiados.*

Vamos a pasar a nuestro lema, porque si yo empezara a hablar del General tendría que decir tantas cosas como las que él quiere para los argentinos, que el tiempo sería corto.

ALGUNOS EPISODIOS
DE LA HISTORIA

Es interesante que señale algunos episodios de la historia, a través de los cuales puede verse a las masas luchar para convertirse en pueblos.

No consideraremos más que algunos de ellos, porque tenemos medido el tiempo. Pero desde ya podemos afirmar, como cuando hablé de los grandes hombres, que *todo movimiento popular realizado en la historia no puede dejar de ser para nosotros, en alguna forma, precursor del movimiento peronista, que es eminentemente popular.* En tal sentido, debemos decir que la lucha de los pueblos ha sido una lucha sorda y larga, tanto, que *casi la historia no la recuerda.*

Porque la historia ha sido escrita no por las masas, sino, en general, por los privilegiados de todos los tiempos. Y esto nos lo explicamos muy fácilmente: cuando alguna vez la historia nos habla de esas luchas es solamente para mencionar la generosidad de algún filósofo, político o reformador, y por eso sabemos cuál era la triste condición en que vivían antes.

LA VENTA DE LOS ACREEDORES

Así es alabado *Solón en Atenas,* porque prohibió que los acreedores vendiesen a los deudores, y por eso sabemos que, antes de él, los acreedores vendían a los deudores. Pero no se habla del escarnio anterior a Solón, porque lo que han querido los historiadores es exaltar la generosidad de un hombre y no describir la situación de un pueblo.

La historia, por hacer las alabanzas de Solón, nos hace conocer, sin querer, la historia de las masas sometidas a la más denigrante tiranía. Porque las masas de todos los tiempos han hecho la historia sin escribirla nunca.

LOS PUEBLOS NO ESCRIBEN
SU PROPIA HISTORIA

Sin embargo, casi ningún rey dejó de cuidar este detalle, tal vez más para justificarse ante la historia que para decir la verdad, y a veces —¿por qué no decirlo?— para escribir sus propias alabanzas y la de sus hombres.

Por eso no conocemos la lucha de los pueblos antiguos y sí conocemos la gloria de los emperadores y de los reyes, como en el caso de los egipcios. Cada pirámide es un capítulo de historia. Es el relato de la vida misma de una dinastía. Pero nadie escribió jamás la historia de todos los dolores que cada dinastía hizo sufrir a sus masas para construir sus propias glorias y alabanzas. Pero nosotros, en cada una de esas piedras en que está escrita la historia de cada dinastía con sus glorias y esplendores, vemos y vislumbramos el sacrificio, la explotación y el sufrimineto de las masas egipcias.

NAPOLEON Y EL PUEBLO FRANCES

Cuando visité a París, me impresionó profundamente la tumba de Napoleón. Recuerdo que hasta un canillita de París me dijo: "¿No ha visto usted a Napoleón?". El pueblo francés no olvidará jamás a su emperador, a pesar de lo que lo hizo sufrir.

Para los franceses, Napoleón es un recuerdo vivo y permanente, y todos sus gestos son conocidos en Francia de memoria. Miles de libros se han escrito sobre él, sobre sus victorias y sus derrotas. Pero nadie se ha acordado jamás de escribir la historia de los millares de hombres que murieron por su capricho genial de crear un imperio. La tumba del Soldado Desconocido es el único recuerdo para la inmensa masa de los que murieron, cuyos nombres nadie sabe, absolutamente nadie.

La historia de los pueblos, que todavía no ha sido escrita, no podrá ser escrita tal vez nunca. Por eso yo me debo conformar con señalarles algunos pocos hechos y algunas deducciones que nos hacemos nosotros acerca de los filósofos, de los conductores, de los reyes y emperadores a través de los cuales vislumbramos la miseria y el dolor de sus "masas".

EL PUEBLO ROMANO
Y SUS LUCHAS

De Roma, solamente quiero recordar la lucha de los *plebeyos* por su liberación, que duró siglos para conseguir *las cuatro igualdades: civil, social, política y religiosa.*

LA REVOLUCION FRANCESA

Sobre este tema de los plebeyos y los patricios hablaremos en otra clase. Hoy vamos a tomar el primer capítulo en la historia de las masas: la Revolución Francesa.

Yo no voy a hacer el análisis de lo que es para nosotros, como precedente o como signo precursor, la Revolución Francesa. Pero no puedo menos que citarla aquí.

Maritain afirma que *"desde la Revolución Francesa el sentido de la libertad y de la justicia social han trastornado y vivificado nuestra civilización".*

Yo he pensado muchas veces con simpatía en el pueblo francés, que supo vencer así la primera vez en la historia al privilegio.

Fue aquél el primer intento de la masa de hacerse fuerte. Aquel intento tuvo sus grandes errores, puesto que desembocó en la tiranía de Robespierre; no encontró el conductor que lo supiese dirigir y canalizar honrada y lealmente. Pero *sin aquella experiencia formidable, tal vez hoy no seríamos libres. No diríamos, como decimos, que ha llegado "la hora de los pueblos".*

LA REVOLUCION RUSA

La revolución rusa de 1917, por ejemplo, fue otro *intento de las masas para hacerse pueblo.*

Otra vez en Rusia, una masa sometida y explotada decide hacerse justicia por sus propias manos y destruir a las fuerzas opresoras del privilegio más crudo y denigrante, que era el poder de los zares.

Desgraciadamente, *aquello tampoco ha terminado bien;* pero todos estos hechos van dejando profundas enseñanzas a las masas humanas.

No debemos despreciarlos, sino valorizarlos como un gran ejemplo y también —¿por qué no decirlo?— como una gran contribución para la humanidad de parte de esos pueblos en la ardua lucha por su propia dignificación. Tanto la Revolución Francesa como la rusa fueron *movimientos de masas desorganizadas* a las que luego nadie, ningún conductor, quiso conducir honradamente. Por eso el triunfo fue momentáneo.

Sin embargo, cada uno de esos triunfos ha ido creando en la masa una conciencia mayor de su dignidad de pueblo y, poco a poco, ha ido creciendo en el mundo la idea de realizar la verdadera democracia; no la democracia "cantada y declamada" para satisfacer mezquinos intereses, sino la democracia verdadera en que el gobierno del pueblo y para el pueblo es una realidad.

LA VERDADERA DEMOCRACIA

Perón ha dicho: "La verdadera democracia es aquella donde el gobierno hace lo que el pueblo quiere, y defiende un solo interés: el del pueblo".

¡Benditos los pueblos que tienen un conductor que piensa y que actúa como nuestro gran conductor, maestro y guía, el general Perón!

EL 17 DE OCTUBRE

Esto no es sólo un principio de doctrina peronista: es una inmensa y maravillosa realidad argentina.

El movimiento peronista fue también el 17 de Octubre una gran reacción de masas, mayor quizás que la misma Revolución Francesa, aunque pacífica.

¿Cuál es la diferencia y por qué el movimiento peronista superó a la Revolución Francesa? Porque la masa supo inclinarse por un conductor que no tuvieron ni la Revolución Francesa ni la revolución rusa. Porque el coronel Perón quiso probar que esa masa lo quería de verdad y decidió entonces que lo eligiese libremente el 24 de Febrero.

Porque el coronel Perón amaba profundamente al pueblo y no tenía mezquinos intereses políticos ni personales, sino nada más que un solo interés: ¡servir a la Patria y al pueblo!

Porque Perón, desde antes del 17 de Octubre, ya había empezado a luchar por dar a la masa sufriente y sudorosa de los argentinos, conciencia social, personalidad social y organización social.

Ya había empezado a formar de los argentinos un pueblo, un verdadero pueblo.

LOS PUEBLOS Y SUS GRANDES HOMBRES

En mi primera clase yo cité a un gran escritor alemán que afirma que la *desgracia de la historia consiste, precisamente, en que no siempre los grandes hombres se encuentran con los grandes pueblos.* Tal vez esto no sea del todo verdad. Es cierto que casi nunca las masas han encontrado, en sus grandes movimientos, un buen conductor; *pero también es cierto que casi nunca un*

gran conductor ha querido conducir un pueblo de hombres libres.
Más bien todos *han querido "mandar" sobre las masas,* y por eso
han tratado de mantenerlas en la ignorancia. Porque *ellos no han
querido conducir, sino mandar;* ellos no han querido realizar cuestiones permanentes, sino realizar cuestiones personales, para su
propio interés personal y político, y para su partido.

EL PUEBLO SABE
LO QUE VALE PERON

Por eso el general Perón es grande. Nosotros, los partidarios
del General, que lo seguimos, no nos damos cuenta todavía cabalmente de su gran personalidad y de sus quilates. Tal vez por tenerlo demasiado cerca, no valoramos al General.

El pueblo, en cambio, demuestra que conserva sus valores morales y espirituales permanentes, puesto que ha sabido valorar al
General.

En cambio, los mediocres no han podido hacer lo mismo. Lo
único que pido es luz para sus almas, para que puedan ver la
genial figura del General y comprender su error con la tristeza
de no haber sabido ver la luz y haber tomado el camino de la
sombra.

Perón es tan grande, que en sus clases —que sigo con tanto
cariño como todos sus actos— habla siempre de sus cosas diciendo "nosotros". Pero *él es el conductor.* Claro que el General no
puede cambiar la historia universal: el conductor nace, no se hace.
Y no nacen dos en el mismo siglo y en el mismo pueblo, porque
esto no se compra, como la ropa hecha.

En este siglo nosotros tenemos el privilegio de tenerlo a Perón y aceptamos la doctrina de Perón. Por eso es grande Perón...
Porque nos ha legado una doctrina. *¡Pero mientras Perón tenga
los ojos abiertos los argentinos no seguirán más que a Perón, a
Perón y a Perón!*

LA GRANDEZA DE PERON

Yo repito lo que siempre he dicho; no sólo es grande Perón por sus grandes obras y sus grandes realizaciones, sino que es grande hasta en los pequeños detalles.

Solamente un genio y un hombre de los quilates de Perón puede ser tan extraordinariamente generoso para englobarnos a todos al hablar de su doctrina y al hablar del conductor. El General podrá hacernos buenos realizadores, podrá hacernos buenos discípulos, pero jamás seremos maestros; ¡maestro hay uno solo!

Si miramos un poco la historia desde este balcón alto del siglo XX, veremos que los grandes conductores y líderes algunas veces han logrado tener discípulos. *Lo grande de Perón es que, aunque él no lo diga, aspira a que todos seamos buenos discípulos de su doctrina.* Pero nosotros aspiramos a algo más: a comprender, aplicar, realizar y predicar su doctrina, a amar su doctrina. Pero, por sobre todo, ambicionamos una cosa: parecernos y acercarnos hacia la figura grandiosa del creador de la doctrina y del realizador de la felicidad argentina: el general Perón.

ALMA, NERVIO Y ESPERANZA DEL PUEBLO

Nosotros sabemos perfectamente, aunque Perón, en su humildad, no quiera hablar de sí mismo, que *él lo es todo. Es el alma, el nervio, la esperanza y la realidad del pueblo argentino.* Nosotros sabemos que sólo hay uno solo, y que aquí *en nuestro movimiento, hay un solo hombre que tiene luz propia: Perón. Todos nos alimentamos de su luz.*

Si alguien se cree algo dentro de nuestro movimiento, si cae en el error de creerse que es alguien con personalidad propia en nuestro movimiento, nosotros nos asombramos viendo hasta dónde puede llegar su ignorancia, hasta dónde los puede perder la vanidad, hasta dónde puede perder la ambición a los hombres, haciéndoles creerse alguien cuando, en este mismo siglo y en este mismo pueblo, hay ya un conductor, un guía y un maestro.

Aquí tenemos ya al genio, tenemos ya al conductor, y todos los demás, todos sin diferencia —porque hay diferencias—, todos luchamos por conquistarnos un puesto de lucha al lado del General, todos luchamos por comprenderlo a Perón, que es comprender a la Patria y al pueblo argentino; y todos luchamos por realizar todos los días un poco más en la obra peronista, o sea por acercarnos a la interpretación perfecta de su doctrina y de su conducción, mirándonos siempre en el espejo del general Perón.

DESPUES DE PERON TODOS SOMOS IGUALES

Por eso, todos somos iguales después del general Perón; nadie es más y nadie es menos. Los que no lo quieran comprender, allá ellos. Dios ciega al que quiere perder.

Primero, la masa los discute, no los acepta totalmente, ya que no acepta más que al Líder, al genio, al conductor, al maestro; después la masa les paga con aquello con que pagan todos los pueblos a los Judas: con el desprecio y el olvido.

Por eso nosotros, hombres y mujeres humildes, pero superiores por nuestra grandeza espiritual y moral, aspiramos a una sola cosa: *a no sentirnos más de lo que somos, pero tampoco menos de lo que debemos ser*, y a servir lealmente y hasta el sacrificio a nuestro general.

Y aquí yo quiero hacer notar que algunos piensan y hacen comparaciones un poco risueñas, por no decir profanas, entre ciertos caudillos y el general Perón. Porque el general Perón no es un caudillo.

PERON NO PODRA SER
REEMPLAZADO

Perón es un genio, es un conductor, es un líder, y ellos piensan que, como ha pasado con otros caudillos, Perón puede ser reemplazado por otro hombre.

Claro que un caudillo puede ser reemplazado; pero un genio y un conductor, ¡jamás! Con él muere el movimiento. El movimiento será permanente si los hombres, a través de él, aun después de haberse ido, siguen teniendo su luz, su bandera y su doctrina. Es por eso que *Perón no podrá ser reemplazado jamás dentro de nuestro movimiento peronista, ni ahora ni después.*

No podrá ser tampoco olvidado por el pueblo argentino, porque no pasará a la historia entre los caudillos políticos. El grabará una página en la historia entre los grandes patriotas y conductores más perfectos que ha tenido la República.

Por eso nosotros no tenemos más que a Perón; no vemos más que por los ojos de Perón; no sentimos más que por Perón y no hablamos más que por boca de Perón. Ese debe ser nuestro gran objetivo, y si aun nos saliéramos de esa línea de conducta, el pueblo, que es maravilloso, nos haría perder en la noche y caeríamos en el desprecio de todos los ciudadanos argentinos, por no haber sabido tener la entereza moral, política y patriótica de no aceptar que a los genios no se les puede comparar ni profanar con ninguna figura de su siglo..., porque son eso: ¡genios!...

NUESTRO TRIUNFO SERA
PERMANENTE

Por eso es que nosotros lo vemos a Perón cada día más grande, aun cuando —como ya he dicho— él se elimina como conductor y nos llama a todos nosotros "conductores", y aun cuando, en su grandeza espiritual, dice: "Nosotros hacemos tal cosa...".

Nosotros lo seguimos, nosotros tratamos de interpretarlo, tratamos de ayudarlo, porque tenemos la enorme responsabilidad, ante las futuras generaciones de argentinos, de demostrar, eso sí que *esta generación de argentinos ha sido benemérita, porque ha sabido valorar en el sacrificio constante y en su fe inquebrantable a un hombre de los quilates del general Perón*, y legar al porvenir esta hora de bonanza y de prosperidad que estamos viviendo.

Por todo esto, yo creo que nuestro movimiento triunfará, y el *triunfo nuestro será permanente como ningún otro en la historia*. Perón quiere conducir a un pueblo de hombres libres y dignos, y nosotros ya somos —gracias a él— un pueblo de hombres libres y dignos, que ya tiene personalidad, que se va organizando a pasos agigantados...

CAPITULO IV

LOS PUEBLOS EN LA HISTORIA Y EL ESPIRITU OLIGARCA

En mis clases anteriores he hablado de la historia universal, refiriéndome a las *dos historias*: la de las masas en su afán por *convertirse en pueblo* y la historia de los grandes hombres hasta llegar a Perón.

Aquí nos hemos detenido, como quien se detiene luego de haber recorrido la noche, contemplando en las estrellas la aurora que luego llega con el sol.

Recorrimos la historia de las masas en su afán por convertirse en pueblos, o sea en sus luchas de superación, hasta llegar al 17 de Octubre, que tal vez es la historia más formidable de un pueblo defendiendo su propio destino.

¿QUE ES EL PUEBLO PARA UN PERONISTA?

¿Qué es el pueblo para un peronista? Yo creía que había agotado el tema en la clase anterior y había dispuesto hablar hoy de la historia del capitalismo, pensando que así, por contraste de luz y sombra, nos entenderíamos mejor y entenderíamos mejor al peronismo, pero meditando el tema de mi última clase advertí que todavía no lo había terminado y que quedaban

muchos puntos para mí de fundamental importancia. No quiero dejar de insistir sobre el tema de las masas y los pueblos en la historia, porque para mí quien no entienda y sienta bien lo que es el pueblo no podrá ser jamás un auténtico peronista.

LOS TRES AMORES DE UN PERONISTA

Yo siempre digo que *los tres grandes amores de un peronista son el Pueblo, Perón y la Patria*, y vean ustedes si un peronista puede ser peronista sin tener esos tres grandes amores, tal como lo siento yo, y no solamente como una linda palabra.

El amor es sacrificio, y aunque parezca esto el título de una novela sentimental, es una verdad grande como el mundo y como la historia.

No hay amor sin sacrificio, pero nadie se sacrifica por algo que no quiera y nadie quiere algo que no conoce.

Nosotros decimos muchas veces que estamos dispuestos a morir por el pueblo, por la Patria y por Perón, pero cuando llegue ese momento, si llega —y no seamos traidores, desleales y vendepatrias—, tendremos que sentir verdaderamente esos tres grandes amores, y por eso debemos conocrlos íntima y profundamente.

Es necesario conocer, sentir y servir al pueblo para ser un buen peronista.

Hay muchos peronistas que creen que con gritar que son peronistas ya lo son; pero nosotros queremos peronistas prácticos y no teóricos.

PERON ES EL PUEBLO

Es urgente que insistamos, dentro de nuestro movimiento, en la necesidad que tenemos que hacer conocer y amar al pueblo

—y ustedes verán más adelante por qué es urgente, y más en nuestro movimiento— si es que no queremos perder y malograr esta maravillosa doctrina que nos ha dado el general Perón. Tal vez sea más necesario esto para hacerlo conocer y querer más profundamente a Perón.

El General tiene una grandeza espiritual tan extraordinaria que está siempre muy presente en nuestros sentimientos y en nuestro corazón; pero mucho me temo que no suceda lo mismo con el pueblo, y a veces pienso que no tódos los peronistas me entienden y me creen cuando yo digo que Perón es el pueblo. No se han dado cuenta todavía de lo que eso significa; no han advertido que eso significa que para quererlo a Perón hay que querer al pueblo; no se puede ser peronista sin conocer, sin sentir y sin querer al pueblo —pero quererlo profundamente—; y sobre todo sin servir la causa del pueblo. Un peronista que no conozca, que no sienta y que no sirva al pueblo para mí no es peronista.

SACRIFICIO SENTIDO, NO PROCLAMADO

Yo voy a demostrar en esta clase de hoy que la mejor manera de conocer si un peronista es verdaderamente peronista consiste en establecer si tiene un concepto peronista de lo que es el pueblo; si se siente él mismo parte del pueblo y no tiene ambiciones de privilegios; si sirve lealmente al pueblo.

Ustedes dirán que en lugar de dar mi clase de historia del peronismo yo estoy dictando, más bien, moral peronista. No es eso. Había dicho en la clase anterior que iba a hablar del capitalismo, pero creí que era necesario primero dar una clase sobre ética peronista y, especialmente, sobre oligarquía, para después pasar al capitalismo. Para no ser oligarcas, sino buenos peronistas, tenemos que basarnos en un amor profundo por el pueblo y por Perón, sustentado en valores espirituales y en un gran espíritu de sacrificio y de renunciamiento, no proclamados, sino hondamente sentidos.

EL CONCEPTO DE LA LEALTAD

Todas estas cosas no las digo porque sí ni porque me guste el tema. Ustedes saben que decir la verdad me ha costado muchos dolores de cabeza, y puedo decir con orgullo que nunca he sido desleal con los que han sido leales a Perón. Pero también puedo decir con orgullo que jamás he mantenido mi amistad en un círculo ni en un grupo, sino nada más que hacia la lealtad, y la lealtad no me compromete nada más que mientras se es leal a Perón, que es ser leal al pueblo y al movimiento.

EL PELIGRO
DE LA OLIGARQUIA

Si hablo de estas cosas es porque sé que al mismo General le preocupa el tema, y nos debe preocupar a todos los que queremos profundamente al movimiento y anhelamos que sea un movimiento permanente. Le preocupa, sobre todo, que todavía haya peronistas que, en su afán de obtener privilegios, más bien parezcan oligarcas que peronistas. Mis ataques a la oligarquía ustedes los conocen bien, porque los habrán oído no una, sino muchas veces en mis discursos.

Y estoy segura de que algunos de ustedes habrán pensado lo que otros ya me han dicho tantas veces: "¿Por qué se preocupa tanto, señora, si esa clase de gente no volverá más al gobierno?"

No; ya sé que la oligarquía, la del 12 de octubre de 1945, la que estuvo en la plaza San Martín, no volverá más al gobierno, pero no es ésa la que a mí me preocupa que pueda volver. Lo que a mí me preocupa es que pueda retornar a nosotros el espíritu oligarca. A eso es a lo que le tengo miedo, mucho miedo, y para que eso no suceda he de luchar mientras tenga un poco de vida —y he de luchar mucho— para que nadie se deje tentar por la vanidad, por el privilegio, por la soberbia y por la ambición.

EL ESPIRITU OLIGARCA SE OPONE
AL ESPIRITU DEL PUEBLO

Yo le tengo miedo al espíritu oligarca por una simple razón. El espíritu oligarca se opone completamente al espíritu del pueblo. Son dos cosas totalmente distintas, como el día y la noche, como el aceite y el vinagre.

Vamos a hablar del espíritu oligarca en la historia, trayendo algunos ejemplos.

Yo, en mis luchas diarias —y ustedes lo habrán visto—, para ser una buena peronista, trato de ser más humilde, trato de arrojar fuera de mí cualquier vanidad que pudiera albergar mi corazón.

Yo no podría ser la esposa del general Perón, ni buena peronista, si tuviera vanidad, orgullo y, sobre todo, ambición, porque la ambición es el espíritu oligarca que perdería completamente a nuestro movimiento.

Yo no sé qué pensarán de esto los historiadores y los que comentan la historia, pero creo firmemente —y de esta idea no me podrán sacar— que la causa de todos los males de la historia de los pueblos es, precisamente, el predominio del espíritu oligarca sobre el espíritu del pueblo.

EL ESPIRITU OLIGARCA
EN LA HISTORIA

¿Cuál es el espíritu oligarca? Para mí es el afán del privilegio, es la soberbia, es el orgullo, es la vanidad y es la ambición; es decir, lo que hizo sufrir en Egipto a millares y millares de esclavos que vivían y morían construyendo las pirámides.

Es el orgullo, la soberbia y la vanidad de unos cuantos privilegiados que hacían sufrir en Grecia y en Roma a los ilotas y a los esclavos; el espíritu de oligarcas de unos pocos espartanos y aristócratas y de unos pocos patricios que gobernaban a Esparta, a Atenas y a Roma.

El sufrimiento de millones y millones de hindúes se debió al orgullo de las sectas dominantes.

El dolor de la Edad Media se debió a la soberbia de los señores feudales, de los reyes y de los emperadores ambiciosos, que sólo pensaban en dominar a sus semejantes.

El sufrimiento que provocó la rebelión del pueblo francés en 1789, la Revolución Francesa, tiene su causa en los privilegios de la nobleza y del alto clero.

La Rusia de los zares, que hizo nacer en el mundo la revolución comunista, es otra expresión más de los sufrimientos que ha provocado el espíritu oligarca, la vanidad, la ambición, el egoísmo y el orgullo de unos pocos aplastando a las masas.

EL FRACASO DE LA REVOLUCION FRANCESA

El peronismo, que triunfa el 17 de Octubre, es la primera victoria real del espíritu del pueblo sobre la oligarquía. La Revolución Francesa, tal como la historia lo atestigua, no fue realizada por el pueblo, sino por la burguesía. Esto no lo recordamos muy frecuentemente.

La burguesía explotó el desquicio real en ese pueblo hambriento, desposeído, y por eso preferimos recordar de la Revolución Francesa tres palabras de su lema: "Libertad, Igualdad, Fraternidad", tres hermosas palabras de los intelectualoides franceses que decían cosas muy hermosas, pero que se realizaban muy poco. Y por eso también sabemos olvidarnos de algo extraordinario. Nos olvidamos de que *la Constitución de 1789 prohibía la agremiación. ¿Puede una revolución ser del pueblo cuando dicta una Constitución prohibiendo la agremiación?* El pueblo siguió a la burguesía, pero ésta no respondió honrada y lealmente a ese pueblo, que se jugó la vida en la calle.

76

LA OLIGARQUIA COMUNISTA Y CAPITALISTA

Ellos no hacen lo que el pueblo quiere, sino que el pueblo tiene que hacer lo que ellos quieren. Creo que hay una pequeña diferencia...

Tan oligárquico es el sistema feudal como el absolutismo de los reyes, como el sistema de casta que imperó en nuestro país, sistema cerrado con la "Yale" de los apellidos ilustres que nosotros conocemos. Tanto más ilustres esos apellidos cuanto más dinero tenían en el Banco.

Tan oligárquico es el sistema capitalista que domina desde Wall Street como el sistema imperante en Rusia.

LA VICTORIA DEL 17 DE OCTUBRE

Por ello afirmo que el peronismo triunfante el *17 de Octubre es una victoria del auténtico pueblo sobre la oligarquía.* Y para que esa victoria no se pierda, como se perdió la Revolución Francesa y la revolución rusa, es necesario que los dirigentes del movimiento peronista no se dejen influir por el espíritu oligarca.

Es necesario, para ello, que todas estas cosas que decimos no caigan en el vacío.

Yo a veces observo que cuando se dicen cosas importantísimas, nos las aplauden, si tenemos razón, pero en la práctica hacen, esos mismos que aplaudieron, todo lo contrario. *Hay que aplaudir y gritar menos y actuar más.* Claro que al decir esto hablo en general.

Nuestro movimiento es muy serio, porque tenemos un hombre, el general Perón, que está quemando su vida por legarnos consolidada su doctrina y por entregarnos y depositar en nuestras manos la bandera justicialista y una patria socialmente justa, económicamente libre y políticamente soberana.

Eso *era para nosotros un sueño.* Era un sueño para los argentinos pensar que algún día, en nuestro país, un hombre con sentido patriótico, un hombre extraordinario, y sobre todo con una gran valentía, pudiera anunciarlo y realizarlo.

PERON, EJEMPLO DE HUMILDAD

Pero es que hay que reconocer que el hombre que ha creado esa doctrina y que ha realizado esa obra tan extraordinaria es un hombre de unos valores morales extraordinarios.

Nosotros vemos en Perón a la humildad, a un hombre sencillo, a un hombre que no es vanidoso ni orgulloso, a un hombre que *siente alergia por los privilegios.* Entonces nosotros, que lo queremos a Perón, tratamos de acercarnos, tratamos de igualarnos a él, tratamos de sentirnos humildes, de no ser ambiciosos, de no sentir orgullo ni vanidad.

En esto es en lo único en que podemos tratar de igualarnos a Perón, y, si lo logramos, habremos desterrado del peronismo el peligro del espíritu oligarca que, de lo contrario, terminará con nosotros.

Perón no ha venido a implantar otra casta; él ha venido a dignificar al pueblo para que sea soberano y gobierne. Por eso nosotros tenemos que sentirnos humildes y consultar al pueblo en todo, pero consultarlo también en su humildad. *¡No sentirnos, cuando el movimiento nos llama a una función, importantes ni poderosos!*

EL SENTIMIENTO DEL ORGULLO EN EL PUEBLO

A mí me preocupa extraordinariamente esta cuestión. He tenido una gran desilusión con gente a la que aprecio cuando la he visto envanecerse como pavos reales cuando se han visto importantes.

No hay más importancia, más privilegio, ni más orgullo, que el de sentirse pueblo. Pero algunos se sienten señores: ¡y el señor no se siente, se nace, aun en los más humildes! Cuando los he visto "en personajes", me ha entrado frío, miedo, angustia y una profunda tristeza. Pero las fuerzas y la esperanza me renacen cuando miro a Perón trabajando incansablemente y al pueblo colaborando con él.

Yo lo observo al General, porque *no quiero dentro del movimiento ser nada más que una buena alumna suya; quiero servir al movimiento y no servirme de él.* Si actuáramos así siempre, la humanidad sería más feliz y nosotros seríamos mucho más útiles a los pueblos.

LA HUMILDAD DE PERON NO ES FINGIDA

El general Perón es humilde a pesar de todo su poder, y no hablo de poder por ser él el presidente de la República, sino por *su poder espiritual*, porque él es mucho más poderoso que por sus títulos, sus galones y sus derechos, porque *reina sobre el corazón de millones de argentinos*.

Yo lo he visto al General no con ese empaque de humildad fingida que a veces ustedes advierten en algunos hombres en los pequeños detalles, más que en los grandes, y que es el teatro que hacen muchos políticos que aparecen como humildes para que los vea un grupo, pero que en el fondo son déspotas, soberbios, vanidosos y fríos.

A Perón, en cambio, que ha hecho obras extraordinarias, lo veo todas las mañanas —al llegar a la Casa de Gobierno, para dar un ejemplo, porque, como decía Napoleón, un ejemplo lo aclara todo—, tocar el timbre y decir, siempre, al ordenanza que acude: "Buenos días, hijo; ¿quiere hacer el favor de traerme un cafecito?" Y cuando se lo trae, así esté con un embajador, con un ministro o con quien sea, se lo agradece.

Pero eso es normal en él: le sale de adentro. Eso no es teatro: le sale del corazón. Y yo pienso, entonces, si todos los peronistas fuésemos capaces de hacer otro tanto...

No podemos tener el privilegio de ser genios y grandes como Perón, pero sí podemos proponernos ser buenos como él.

La gente se olvida muy fácilmente del pueblo, y nosotros, los peronistas, que decimos que queremos a Perón, que amamos profundamente su figura, su nombre, su doctrina y su movimiento, no podemos ni debemos jamás olvidar al pueblo, porque si no traicionamos a Perón, traicionamos su preocupación más grande. No olviden que *Perón trabaja, lucha, sueña y se sacrifica por un ideal: su pueblo.*

Algunos peronistas no nos damos cuenta de que todo lo que somos se lo debemos a Perón y al pueblo, y a veces nos creemos que llegamos por nosotros mismos, nos consideramos importantes e insustituibles, y hasta nos creemos "directores de orquesta"... ¿De qué orquesta somos directores?

EL DEBER DE LOS PERONISTAS

La humildad debe ser una de nuestras grandes preocupaciones, como la bondad, la falta de vanidad y la ausencia de ambición.

No debemos tener más que una sola ambición: la de desempeñar bien nuestro cargo dentro del movimiento. Dijo el general Perón hace unos días: *no son los cargos los que dignifican a los hombres, sino los hombres los que honran a los cargos.*

Nosotros debemos aspirar a ocupar un cargo de lucha, no importa cual fuere, pero cumplirlo honradamente, con espíritu de sacrificio y de renunciamiento, que nos haga ante nuestros compañeros dignos del movimiento y nos eleve en la consideración de todos. Así cumpliremos con el pueblo y con el movimiento.

CARACTERISTICA DEL PERONISMO

No nos olvidemos del hombre que trabaja de diana hasta ponerse el sol, para construir la felicidad de todo el pueblo argentino y la grandeza de la Nación. Nosotros, bajo su sombra maravillosa, no debemos amargar sus sueños de patriota con ambiciones mezquinas y desmesuradas, como las de algunos peronistas que ya se creen dirigentes importantes. *La característica exclusiva del peronismo, lo que no ha hecho hasta ahora ningún otro sistema, es la de servir al pueblo y, además, la de obedecerlo.* Cuando, en cada 17 de Octubre, Perón pregunta al pueblo si está satisfecho de su gobierno, tal vez por tenerlo a Perón demasiado cerca no nos detenemos a pensar en las cosas tan grandes a que nos tiene acostumbrados, a algo que no pasa en la humanidad.

¿Cuándo algún gobernante, alguna vez en el mundo, una vez al año reúne a su pueblo para preguntarle si está conforme con su gobierno?

¿Cuándo algún gobernante en el mundo dijo *que no hará sino lo que el pueblo quiera?*

En cambio, Perón puede hablar, porque *tiene su corazón puesto junto al corazón del pueblo.*

La actitud argentina del general Perón en la Conferencia de Cancilleres: "No saldrán tropas al exterior sin consultar previamente al pueblo", no se ha visto nunca en el mundo. ¿Cuándo algún gobernante ha preguntado, antes de enviar tropas al exterior, si el pueblo está conforme? Nunca lo han hecho, porque cuando han querido, han enviado las tropas en nombre del pueblo, sin consultarlo jamás.

EL RESPETO AL PUEBLO

Estos tres ejemplos nos demuestran la grandeza de Perón, la honradez de sus procedimientos, el amor profundo y entrañable que él siente por el pueblo y su *respeto por "el soberano", que de soberano no tenía, hasta Perón, más que el nombre, porque jamás fue respetado.*

Eso lo hace él General, y si él lo hace, tratando de auscultar las inquietudes del pueblo, ¿cómo nosotros los peronistas que lo acompañamos y pretendemos ayudarlo no vamos a extremar nuestras energías y nuestro esfuerzo para acercarnos a él en el deseo de servir leal, honrada y humildemente?

Ese debe ser un deber de los peronistas. Nosotros debemos pensar siempre que el general Perón respeta al pueblo no sólo en las cuestiones fundamentales, sino también en las pequeñas.

PERON QUIERE UN PUEBLO ORGANIZADO

Dije yo, los otros días, que la masa no hace más que sentir. Por eso los totalitarismos, sean fascistas o comunistas, organizan al pueblo como un militar adiestra al soldado, para que éste sirva mejor a la Patria.

Perón, en cambio, favorece la agremiación y la organización del pueblo, no para que el pueblo sirva al peronismo, sino para que el peronismo pueda servir mejor al pueblo, entre lo cual hay una gran diferencia. A fin de que el pueblo conserve y conquiste sus derechos, *Perón trata al pueblo no como un militar a sus soldados, sino como un padre a sus hijos.*

Lo que hace Perón, sirviendo al pueblo, debemos hacerlo nosotros cada día más.

Yo quisiera que a esta clase —y éste es un ferviente deseo mío— ustedes la tengan siempre muy presente en su corazón y en su mente para tratar todos los días de inculcarla a los peronistas y nosotros mismos adoptarla en nuestros procedimientos, así nos sentiremos más tranquilos en nuestra conciencia de peronistas, de argentinos, de mujeres y hombres del pueblo.

Nuestra consigna debe ser la de servir al pueblo y no servir a nuestro egoísmo, que en el fondo todos tenemos, ni a nuestra ambición, porque eso sería tener lo que yo llamo *espíritu oligarca.*

FUNCIONARIOS OLIGARCAS
Y DIRIGENTES OLIGARCAS

Vamos a dar un ejemplo de espíritu oligarca, aunque ya he dado muchos: *el funcionario que se sirve de su cargo es oligarca.* No sirve al pueblo, sino a su vanidad, a su orgullo, a su egoísmo y a su ambición. *Los dirigentes peronistas* que forman círculos personales sirven a su egoísmo y a su desmesurada ambición. Para mí ésos no son peronistas. Son oligarcas, son ídolos de barro, porque el pueblo los desprecia, ignorándolos y a veces hasta compadeciéndolos. La oligarquía del 17 de Octubre, la que derrotamos ese día, para mí está muerta. Por eso *le tengo más miedo a la oligarquía que pueda estar dentro de nosotros que a esa que vencimos el 17 de Octubre.* Porque a aquella ya la combatimos, la arrollamos y la vencimos, en tanto que ésta puede nacer cada día entre nosotros. Por eso los peronistas debemos tratar de ser soldados para matar y aplastar a esa oligarquía dondequiera que nazca.

UNA SOLA CLASE DE HOMBRES

Nosotros decimos, con Perón, que *no queremos ni reconocemos más que una sola clase de hombres: la de los que trabajan.* Esto quiere decir que para nosotros no existe más que una sola clase de argentinos: la que constituye el pueblo, y el pueblo es auténticamente trabajador.

¿Qué diferencia hay entre esta nueva clase y la clase oligárquica que gobernó hasta 1943? Es muy fácil explicarlo.

La oligarquía era una clase cerrada, o sea, como lo dije anteriormente, una casta. Nadie podía entrar en ella. El gobierno les pertenecía, como si nadie más que la oligarquía pudiese gobernar al pais. En realidad, como que a ellos los dominaba el espíritu de oligarquía, que es egoísta, orgulloso, soberbio y vanidoso, todos estos defectos y malas cualidades los llevaron poco a poco a los peores extremos y terminaron vendiéndolo todo, hasta la Patria, con tal de seguir aparentando riqueza y poder.

LOS CIRCULOS POLITICOS

Cuando vemos a un político que no quiere que nadie más que sus amigos entren en un círculo, pensamos que también él es un oligarca. Ese también quiere preparar otra casta para él, pero se olvida que hay muchos soldados y servidores del General que lo interpretamos, que lo seguimos honradamente, que tendremos el privilegio de ser los eternos vigías de la Revolución.

Por lo tanto, estaremos en guardia permanente para destrozar y aplastar a esos señores que ustedes conocen.

EL PERONISMO SOLO
RESPONDE A PERON

El peronismo es un movimiento abierto a todo el mundo. Ustedes ven que a cualquiera que llega a mí, sea un dirigente de esto o de lo otro, siempre le digo que él para mí no es más que un dirigente de Perón. Cuando me dicen que Fulano es un dirigente que responde a Mengano o a Zutano, pienso que no es un buen dirigente, sino un sinvergüenza, porque bajo el lema justicialista, el pueblo y la Patria toda constituyen una gran familia, en la que todos nos sentimos iguales, felices y contentos, respondiendo sólo a Perón.

EL GOBIERNO DE PERON
ES ACCESIBLE A TODOS

Dentro de nuestro movimiento no se necesita tener títulos universitarios, ser intelectual, ni tener cuatro apellidos para integrar el gobierno de Perón. Al lado de él hay hombres de todas las condiciones sociales: médicos, abogados, obreros, ricos y pobres, de todas las clases, pero sin ese espíritu oligarca que es la negación de nuestro movimiento. ¡Por lo menos aspiramos a eso! En ese sentido, tenemos una ardua y larga tarea que realizar. Cualquier peronista puede llegar a ocupar los más altos cargos dentro de nuestro movimiento. Si trabaja honradamente, puede aspirar a cualquiera, y en este sentido debemos tener en cuenta una frase del general Perón, que se debería grabar en el corazón de los todos los peronistas: *"Sean todos artífices del destino común, pero ninguno instrumento de la ambición de nadie".*

LO UNICO QUE VALORIZA ES EL SACRIFICIO Y EL TRABAJO

Aquí no se necesitan padrinos; aquí lo único que valoriza es el sacrificio, la eficacia y el trabajo. Yo siempre he sentido alergia por los recomendados. Siempre los he atendido muy bien y les he solucionado el asunto, pero siempre me ha dado una profunda pena que esas personas ignoren que no necesitan de la recomendación. *En nuestro movimiento no hay más recomendación que la de ser peronista.* Por eso, cualquier peronista, por humilde que sea, puede aspirar, como ya lo he dicho, a los más altos cargos, con sólo tratar de interpretar las inquietudes del general Perón. Esto es fundamental para que nosotros podamos formar un movimiento permanente, consolidado en el espacio y en el tiempo. Nuestro movimiento es el más profundo y maravilloso de todos, porque tiene una doctrina perfecta y un conductor genial como el general Perón.

EL UNICO DEFECTO DE PERON

Yo, que he tenido la debilidad de estudiar profundamente a todos los grandes de la historia, y ustedes. que lo habrán hecho tanto como yo, sabemos que *en todos los grandes hombres hay errores y defectos,* que se les perdonan porque son genios, y a los genios se les perdona todo. Pero —a veces a los argentinos nos parece mentira— *Perón es un genio que no tiene defectos, y si tuviera uno sería sólo tener demasiado corazón,* que sería el más sublime de todos los defectos, ya que Cristo perdonó por su gran corazón a quienes lo crucificaron.

Nosotros debemos pensar en eso, en la grandeza, en las virtudes y en las condiciones morales del general Perón, y, sobre todo, en su humildad, que es lo que lo hace más grande.

NUESTRO BALANCE DIARIO

Deberíamos nosotros elevar todos los días nuestra mirada y nuestro recuerdo hacia la figura patricia del general Perón; seríamos entonces cada día más buenos, y al acostarnos, deberíamos realizar un balance de lo que hemos hecho, y ver si hemos tratado bien a un compañero, si hemos servido honradamente al pueblo, si hemos cumplido con humildad, con desinterés y con sacrificio nuestra labor. Entonces, nos podremos acostar tranquilos, porque *hemos cumplido con la Patria, con Perón y con el Pueblo.*

Yo he pretendido que mi despacho sea lo más popular y lo más descamisado; no en sus paredes —porque nosotros no nos vestimos de harapos para recibir al pueblo, sino que nos vestimos de gala para recibirlo con los mejores honores, como se merece—, pero sí *descamisados por el cariño, el corazón, la humildad y el espíritu de sacrificio y de renunciamiento.* A veces me parece que éstos no son suficientemente grandes como para merecer yo ser la esposa del general Perón; pero pienso que no puedo asemejarme al General, porque Perón hay uno solo; pero trato por lo menos de merecer el cariño y la consideración del General y de los peronistas, trabajando con un gran espíritu de desinterés, de sacrificio, de renunciamiento y de amor. Y por eso, cuando llegan a mi despacho los ministros, yo me alegro, porque los veo mezclados con los obreros y con los pobres, es decir, con nuestro auténtico pueblo, y yo creo que así, viéndome trabajar a mí confundida con el pueblo, y viendo lo maravilloso que nuestro pueblo es, no se harán oligarcas.

UNA SOLA CLASE DE ARGENTINOS

Nosotros queremos una sola clase de argentinos. No quiero decir que queramos que no haya ricos, o que no haya intelectuales ni hombres superiores. Todo lo contrario: lo grande del peronismo es que todos los argentinos puedan llegar a ser lo que quieran, incluso presidente de la República. Prueba de que el peronismo quiere eso, es que tenemos un *ministro obrero, agregados obreros en las embajadas, obreros en las Cámaras, obreros en todas partes*; y también en el aspecto cultural tenemos *teatros obreros, salones de arte obrero*, aunque en este aspecto tenemos todavía mucho, mucho que hacer para cumplir con los deseos y con las inquietudes del general Perón.

EL TRIUNFO DE LOS HUMILDES

Gracias al general Perón, nosotros hemos logrado tener las *universidades abiertas a todo el pueblo argentino.* Eso nos demuestra la preocupación del gobierno argentino por elevar la cultura del pueblo y porque nuestro pueblo pueda llegar a las universidades, que ya no están reservadas a unos pocos privilegiados. Ahora los humildes pueden ser abogados o médicos, según sean sus inclinaciones. Ellos, con su sentido de pueblo, serán más humanos y las futuras generaciones podrán agradecernos que los hayamos comprendido y apoyado.

LO FUNDAMENTAL
DENTRO DEL MOVIMIENTO

Ser peronista —para hacer la síntesis de todo lo que he hablado— importa tener los tres amores a que hice mención al principio: el Pueblo, Perón y la Patria.

El peronismo es la primera victoria universal del pueblo sobre la oligarquía; por eso hay que cuidarlo y no desvirtuarlo jamás. El peronismo sólo podría desvirtuarse por el espíritu oligarca que pueda infiltrarse en el alma de los peronistas, y perdonen que les repita tanto esto, pero si así lo hago es porque quisiera que lo llevaran siempre profundamente grabado en su corazón. Es fundamental para nuestro movimiento.

LOS VICIOS DE LA OLIGARQUIA

Para evitar que se desvirtúe el peronismo *hay que combatir los vicios de la oligarquía con las virtudes del pueblo.* Los vicios de la oligarquía son: en primer término, el *egoísmo.* Podríamos tomar como ejemplo el de las damas de beneficencia. Hacían caridad, pero una caridad denigrante. Para dar, hay que hacerse perdonar el tener que dar. Es más lindo dar que recibir, cuando se sabe dar, pero las damas trataban siempre de humillar al que ayudaban. Tras la desgracia de tener que pedir, lo humillaban en el momento de darle la limosna, con la que ni siquiera le solucionaban el problema. En segundo lugar, está la *vanidad.* La vanidad trae consigo la mentira y la simulación, y cuando entra en la mentira y la simulación, el hombre deja de ser constructivo dentro de la sociedad. En último término, tenemos la *ambición* y el *orgullo,* con los cuales se completan los cuatro vicios de la oligarquía: *egoísmo, vanidad, ambición y orgullo.*

LAS VIRTUDES DEL PUEBLO

Las virtudes del pueblo son: en primer término, *generosidad.* Todos ustedes habrán advertido el espíritu de solidaridad que hay entre los descamisados. Cuando un compañero de fábrica cae en desgracia, en seguida se hace una colecta para ayudarlo, cosa que no ocurre en otros ambientes. Lo mismo el caso de los *obreros* y la *Fundación.*

Ellos vieron que la Fundación iba directamente al pueblo, a diferencia de las damas de beneficencia, que se guardaban ochenta y daban el veinte de cada cien que recibían, con lo que el pueblo había perdido la esperanza y la fe. ¿Cómo iba a tener prestigio una cosa en la que el pueblo no creía? Cuando vieron que la Fundación realizaba el camino nuevo del peronismo, de ayudar y de defender los centavos como si fueran pesos, los obreros se aglutinaron y desinteresadamente contribuyeron a una 'obra que iba a servir, honradamente y lealmente, a sus propios compañeros. Es así como se ha dado el milagro de que las masas trabajadoras sean las verdaderas creadoras de la obra de la Fundación.

Tenemos luego la *sinceridad.* La sinceridad es la virtud innata de nuestro pueblo, que habla de su franqueza.

El *desinterés:* ustedes ven que el descamisado es puro corazón, el desinteresado. ¡Y la *humildad,* que debemos tenerla tan presente!

LA VIRTUD FUNDAMENTAL
DEL PERONISMO

El peronista nunca dice: "yo". Ese no es peronista. El peronista dice "nosotros".

El peronista nunca se atribuye sus victorias, sino que se las atribuye siempre a Perón, porque si hacemos algo es por el General, no nos engañemos. Y cuando en el movimiento hay un fracaso, observamos a menudo —ustedes que andan por la calle lo habrán notado mejor que yo—, se dice: "Y la culpa la tuvo Fulano", siempre viene de "arriba". Los éxitos son de ellos, que tanto influyeron y tanto hicieron; lo trabajaron tanto que lo consiguieron... El fracaso es siempre "de arriba", según ellos. El fracaso, desgraciadamente, es debido a la incomprensión, es producto del caudillismo, del que todavía los peronistas no nos hemos podidos desprender, pero del que nos desprenderemos, cueste lo que cueste...

UNICAMENTE LOS GENIOS NO SE EQUIVOCAN

No me refiero, por lo tanto, a esos que dicen que los fracasos vienen de arriba, sino a los peronistas. *Los fracasos son nuestros, desgraciadamente.*

Yo a veces pienso, cuando me equivoco —también yo cometo grandes errores, ya que nadie está exento de ellos, pues el que no se equivoca nunca es porque no hace nada—, pienso cuánto mal le hago al General. Unicamente los genios como Perón no se equivocan nunca. Pero el pueblo no está poblado de héroes ni de genios, y menos de genios que de héroes.

LOS FRACASOS SON NUESTROS

Repito que los fracasos son nuestros.

El peronista se debe atribuir siempre los fracasos, y al decir "peronista" lo decimos en toda la extensión de la palabra. Las victorias, en cambio, son del movimiento, o sea de Perón. ¿Habría hecho yo todo lo que he hecho en la Fundación si Perón no nos hubiese salvado de la oligarquía? ¿Habría hecho yo todo el bien que hago a los humildes de la Patria, la colaboración que les presto a los gremios del país, si Perón no hubiera hecho en nuestro país esta revolución social tan extraordinaria, independizándonos de la oligarquía, dándonos, además, la justicia social, la independencia económica, la soberanía política y su maravillosa doctrina?

¿Existiría Eva Perón si no hubiera venido Perón? No. Por eso yo digo que *el peronismo empieza con Perón, sigue a Perón y termina en Perón.*

NADIE PODRA DESPLAZAR A PERON

Ni aún después podrán desplazar al General, porque el general Perón no será desplazado jamás del corazón del pueblo. El día que alguno, en su ambición y en sus intereses mezquinos y bastardos, piense que puede ser bandera del movimiento, ese día él habrá terminado.

Por eso yo digo que no tenemos nada más que a Perón, y nosotros, para consolidar y colaborar en su obra, debemos ser buenos predicadores de su doctrina. Cuando alguien se enoja y se lamenta de errores entre los católicos, yo les contesto que la doctrina cristiana es lo más grande que hay, y que los malos suelen ser algunos predicadores y no la doctrina. Aquello es eterno. En esto, que es terrenal, tenemos que tener, además de buenos predicadores, buenos realizadores.

DEBEMOS SER HUMILDES

La doctrina de Perón es genial; los malos seremos nosotros, ya que de barro somos, pero tenemos que tratar de ser cada día más superiores y más dignos del maravilloso pueblo y del ilustre apellido de argentinos. Por eso es que nosotros aspiramos, cada día más, a ser buenos y mejores predicadores de la doctrina del General, pero no sólo buenos en la prédica, sino también en la práctica. Para lograrlo, el peronista debe ser siempre de una gran humildad, reconocer que él no significa nada, y que Perón y el pueblo lo son todo.

91

CAPITULO V

EL CAPITALISMO EN LA HISTORIA

La historia del peronismo, como todo episodio histórico, tiene sus actores, tiene sus causas y tiene su escenario.

Una vez conocidos estos tres capítulos, recién podemos estudiar el desarrollo de los acontecimientos y sus efectos en la historia. Cuando acepté dictar este curso en esta Escuela, creí inicialmente que sólo iba a tener que relatar los acontecimientos, cosa que no me traería ningún inconveniente, dado que los he vivido y también los he sufrido.

¿Qué dificultad podría tener en narrarles a ustedes todas las luchas del general Perón, si yo, directa o indirectamente, las he compartido siempre? Yo me dije: "Este es mi gran tema". Pero cuando tuve que sentarme a esbozar el programa, advertí que eso no era todo y me di cuenta de que no se trataba solamente de relatar los episodios de la historia del peronismo, sino de hacerla comprender, de hacerla sentir y de inculcarla, como dice el general Perón.

LA MEDIDA DEL PERONISMO

En ese momento fue cuando comprendí que el problema no era tan simple, y menos para una mujer humilde cuyo único título es nada más que su gran voluntad y su gran amor por la causa del General y de su pueblo.

Por eso me han visto ustedes andar por caminos que si no son desconocidos para mí —ya he dicho en otra oportunidad que siempre me ha gustado el tema de la historia, porque he estado buscando en él una medida que no encuentro para el general Perón y nuestro pueblo—, son caminos menos conocidos o poco frecuentados por mí. En estos años de lucha no he podido alcanzar todavía a medir la importancia que tiene nuestro pueblo, nuestro movimiento y su líder, en relación con los grandes acontecimientos de la historia.

APRENDER EN LA HISTORIA

No he leído la historia para explicarla, ni para dar clases o divertirme, sino para aprender en ella a querer y a sentir, todavía más, esta breve, pero extraordinaria historia de Perón y de su pueblo. Lo que he podido aprender a través de los acontecimientos generales de la historia, es lo que he querido que también ustedes aprendan aquí. En otras palabras, no me interesa que ustedes sepan quién fue Licurgo, ni en qué año nació; me basta con que aprendan que lo mejor de él —y de todos los hombres extraordinarios de la historia— está en la doctrina del general Perón, y que ha sido realizado en la breve historia del peronismo.

No me interesa tampoco que ustedes sepan mucho sobre la Revolución Francesa, o sobre las luchas entre plebeyos y patricios, o entre espartanos e ilotas; pero sí me interesa que sepan que ningún movimiento de masas o de pueblos es comparable con el que realizó nuestro pueblo el 17 de Octubre de 1945.

Para eso hemos estudiado la historia universal buscando precedentes y precursores de la historia del peronismo.

ACTORES UNICOS DEL MOVIMIENTO

Analicen un poco lo que hemos hecho hasta aquí. ¿Nos hemos limitado a describir los acontecimientos históricos? ¿Nos hemos puesto a relatar siempre vidas de grandes hombres? No; en realidad, yo he presentado a los autores únicos y exclusivos del movimiento peronista: el general Perón y el pueblo. Ya saben también cuál es la medida de nuestro pueblo, porque lo hemos comparado con otros pueblos y, sobre todo, con sus grandes manifestaciones de rebelión, con la Revolución Francesa y con la revolución rusa. Ahora tenemos que estudiar las causas, y luego el escenario del peronismo, para después hacer el relato de sus episodios fundamentales. Creo que ha llegado el momento de considerar cuáles fueron las causas del peronismo.

LAS CAUSAS Y EL ESCENARIO

Recuerdo, por ejemplo, que en el capítulo de la historia de la Revolución Francesa son más las páginas que se dedican al estudio de sus causas que a los acontecimientos de la misma revolución. Todavía hay mucha gente que se dedica a escribir libros para explicar por qué se podujeron la Revolución Francesa, la revolución rusa y la revolución americana.

No quisiera que eso sucediera con nuestro movimiento peronista. *Preferiría que se escriba más sobre lo que hemos hecho, que sobre los motivos o las causas de lo que hemos realizado.* Sin embargo, no puedo eludir, en este curso, el tema mismo, y tengo que dedicar una o dos clases al estudio de las causas del peronismo.

Me he puesto a pensar sobre este tema, como podría hacerlo cualquiera de ustedes, y creo que no es muy complicado llegar a conocer rápidamente las causas que determinaron el nacimiento del peronismo.

SIGNIFICADO DEL 4 DE JUNIO

¿Cuándo nació el peronismo?
No nació el 4 de Junio, pero tal vez pueda decirse que en

esa fecha se levantó el telón sobre el escenario. No es el nacimiento mismo, porque tal vez lo único peronista del 4 de Junio fueron Perón y su proclama.

El pueblo todavía no está allí, como el 17 de Octubre y el 24 de Febrero, o como está ahora todos los días acompañando al general Perón y a su movimiento.

El 4 de Junio el general Perón dio el primer paso para llegar a su pueblo, y *aunque el ejército que lo acompañaba es parte del pueblo, no es todo el pueblo.*

Para demostrar que todavía no había nacido el peronismo, piensen ustedes que el gobierno de la Revolución del 4 de Junio no era totalmente popular, y si no, recuerden el nombre de algunos ministros de entonces, y eso basta. Recuerden que el mismo coronel Perón fue inicialmente colocado en un puesto exclusivamente militar.

El peronismo no nació, para mí, el 4 de Junio de 1943, pero tampoco nació el 17 de Octubre, porque el 17 de Octubre de 1945 el peronismo triunfó por primera vez.

NACIMIENTO DEL PERONISMO

El peronismo, a mi juicio, nació al crearse la Secretaría de Trabajo y Previsión; nació cuando el primer obrero argentino le dio la mano al coronel Perón, pensando: "Me gusta este coronel".

El pueblo empezó a sentir que ya no era una esperanza, sino una realidad.

Quiere decir que el peronismo no nació sólo con la creación de la Secretaría de Trabajo y Previsión.

Nació cuando el primer obrero argentino, al encontrarse con el general Perón, pensó que ya tenía quien lo protegiera, y que ya se encontraba ante la realidad.

Cuando ponen a Perón en posesión del cargo de Secretario de Trabajo y Previsión, lo aplauden muchos dirigentes gremiales.

Las obras se consustancian con los hombres sólo cuando su peronismo empezó a nacer cuando Perón entró en la Secretaría de Trabajo y Previsión, o sea al viejo Departamento Nacional del Trabajo.

Desde ese día, los obreros, o sea el pueblo, empezaron a formar una sola fuerza con Perón.

El peronismo es eso. ¡Una fuerza integrada por Perón!

CAUSAS DEL PERONISMO

Pero volvamos al tema: ¿cuáles fueron las causas del peronismo? ¿Por qué Perón y el pueblo argentino decidieron unirse para tomar el gobierno de la Nación?

Para liberarse del imperialismo y del fraude.

Porque el pueblo estaba cansado de la gente que ocupaba el gobierno y había perdido la esperanza; estaba cansado del fraude, y decidió formar, con el coronel Perón, una sola fuerza, para lograr sus justas reivindicaciones, pero también para liberarse de la oligarquía, del imperialismo y de los monopolios internacionales *sobre la base justicialista que después creara el general Perón.*

TRES FORMAS DEL CAPITALISMO

¿Por qué el gobierno estaba en tales manos? ¿Qué puntos de contacto existían entre esas fuerzas tan poderosas —oligarquía, imperialismo y monopolios internacionales— que habían vencido o engañado al pueblo argentino durante un siglo? Es que esas tres fuerzas eran nada más que tres formas distintas del capitalismo; por eso estaban tan unidas.

Eran tres formas distintas del capitalismo, en cuyo sistema lo normal es la explotación del pueblo. Por eso estaban tan unidas y por eso tenían puntos de contacto tan poderosos.

LA EXPLOTACION CAPITALISTA

El peronismo no puede confundirse con el capitalismo, con el que no tiene ningún punto de contacto. Eso es lo que vio Perón, desde el primer momento. Toda su lucha se puede reducir a esto: en el campo social, lucha contra la explotación capitalista. No olviden ustedes el estado en que encontró el coronel Perón al pueblo trabajador cuando entró al viejo Departamento Nacional del Trabajo —que para suerte de todos fue barrido de la historia del país, porque no había sido más que el trampolín de intereses mezquinos del capitalismo, ya sea internacional o nacional—, creando la Secretaría de Trabajo y Previsión, cuna del Justicialismo. No pueden olvidar ustedes que desde esa Secretaría, al realizar el coronel Perón la dignificación del pueblo argentino, afianzó la soberanía de la Patria. *No puede haber pueblo soberano si el pueblo no es digno.*

LA CUNA DEL JUSTICIALISMO

Además, al crear la justicia social, el coronel Perón tuvo que buscar después el soporte para mantenerla y lograr la independencia económica.

La Secretaría de Trabajo y Previsión, creación maravillosa del coronel Perón, es la cuna del Justicialismo en el país. No sólo dio desde esa casa felicidad al pueblo, sino que fue como un rayo de luz y esperanza para todos los hogares proletarios que habían perdido la fe en sus gobernantes, en sí mismos y en los altos valores de la Patria.

No sólo les dio salarios, sino que los dignificó, y la dignificación del hombre no tiene precio.

Eso es lo grande de la lucha que tuvo el coronel en el campo social, y que tal vez los argentinos no terminarán nunca de agradecérselo. Y al decir los argentinos, me refiero a los argentinos de todos los campos, sean intelectuales u obreros.

LOS VENDEPATRIA

En el campo político el general Perón luchó contra las fuerzas de la oligarquía, que no tenían ningún escrúpulo en servir al capitalismo.

Aquí podríamos recordar un hecho bochornoso: los vendepatria, por combatir a un argentino, se unieron a un embajador extranjero, haciendo la vergonzosa marcha de la "democracia".

No sólo sirvieron a los intereses foráneos del capitalismo, para ser instrumento de la explotación de los obreros argentinos, sino que también, en sus mezquinos y bastardos intereses, *sirvieron a potencias extranjeras, y pidieron su ayuda y su intervención para desterrar de esta patria al más ilustre de los argentinos, que venía a reivindicarla política, social y económicamente, y a implantar una verdadera soberanía; no esa soberanía tanto tiempo declamada y no practicada, sino una soberanía practicada con un sentido patriótico, por un hombre que empezó a hablar, a querer y a actuar como argentino.*

EXPLOTADORES DEL PUEBLO

Por eso el general Perón tuvo que luchar contra esa oligarquía que sirvió al capitalismo sin escrúpulos, y también contra las fuerzas internacionales del capitalismo, que querían seguir dominando el gobierno, como lo habían dominado durante un siglo, para explotar mejor al pueblo argentino.

No querían resignarse a perder el beneficio de esa explotación de nuestro pueblo, para que éste continuara sirviendo sumisamente sus intereses, mientras ellos despreciaban a los argentinos, y los subestimaban, porque jamás los creyeron buenos obreros ni capaces de dirigir nada; sólo los consideraban burros de carga, sin darse cuenta de que el *pueblo argentino, dispuesto a engrandecer a la Patria, tiene una estatura que es imposible medir, porque es un pueblo que sabrá morir en las fronteras antes que vivir jamás de rodillas ante nadie.*

Por eso, la lucha del entonces coronel Perón, en el campo político, fue ardua, desgraciadamente, y no quisiera detenerme en eso. Digo desgraciadamente porque es una desgracia para nosotros que haya habido —y que existan todavía— argentinos que sirvan a los imperialismos y a intereses foráneos contra los supremos intereses de la Nación; es una desgracia que todavía argentinos —como los hubo— que se unieron a las potencias que ya conocemos, porque se sentían más dignos, más "niños bien", o porque no querían seguir perdiendo las cuatro monedas con que les compraban la conciencia.

CON LA DIGNIDAD DE BUENOS ARGENTINOS

Los peronistas y el pueblo humilde de la Patria, el pueblo trabajador y todos los que acompañamos al coronel Perón, *podemos sentirnos orgullosos de nuestro egregio nombre de argentinos, porque lo llevamos con honor y lo supimos defender, en las horas inciertas, con la dignidad de buenos argentinos.*

Para nosotros, los peronistas, era fácil defender nuestro digno nombre de argentinos pero, desgraciadamente, en todas partes se cuecen habas, y en todas partes hay traidores y vendepatria.

Nosotros vimos —y seguimos viendo anonadados— cómo es posible que ciertos individuos que se llaman argentinos sigan defendiendo siempre lo foráneo, aun con mentiras y con intereses que ya no pueden ser ocultados a ningún argentino bien nacido.

EL DOLOR DEL CORONEL PERON

¡Qué dolor habrá sentido el Coronel en su corazón de argentino, en su corazón de patriota, viendo a aquel grupo de descastados, a quienes Dios no había iluminado para que comprendiesen que en esta Argentina de San Martín nos tocaba vivir una época sencilla, humilde y silenciosa, pero heroica, en defensa de la Patria, recurriendo sólo a nuestra dignidad de sentirnos orgullosos y honrados con nuestro querido patrimonio, que es necesario defender en un momento caótico para la humanidad!

¡Qué horas inciertas habrá tenido el coronel Perón en esa lucha política ardua, ante la incomprensión de muchos argentinos, porque a él no le habría interesado el ataque del exterior —al contrario, lo hubiera alentado en sus sueños de patriota—; pero le dolía el ataque de los argentinos aliados a la fuerza foránea de los que cruzaban el río para despotricar contra el país; de los que se aliaron a embajadores extranjeros; de los que defienden monopolios, como abogados, por cuatro monedas; de esos que ya conocemos, que creían que era de "niños bien" gustar de todo lo extranjerizante! ¡Qué dolor le habrán causado al coronel Perón, pero también qué honda satisfacción habrá tenido al ver que un grupo de argentinos, y sobre todo el pueblo humilde de la Patria, las fuerzas del trabajo, lo comprendían y lo seguían, demostrando que Dios le había iluminado el alma! ¡Tal vez porque los humildes viven más tiempo al aire libre, con el alma siempre abierta a las cosas extraordinarias! ¡Ellos vieron a Perón y lo siguieron con el entusiasmo y la fe con que solamente los seres superiores pueden hacerlo!

LOS ENEMIGOS DEL GENIO

Siempre he dicho que el mayor enemigo del hombre de genio es el mediocre. Por eso los enemigos de Perón son los mediocres.

El mediocre es enemigo de toda cosa nueva; por lo tanto, es enemigo de toda revolución, y lo que había que hacer en el país era una revolución total; tanto en lo político, como en lo social, como en lo económico.

Además, ellos creían que todo era exagerado, porque eran incapaces de comprender nada de lo que se quería realizar. Es claro; ellos incapaces de realizar nada que no sea para ellos, están en contra de todo aquel que quiera realizar algo para la comunidad; algo para servir a todos. Por eso hemos de seguir cuidándonos de tales enemigos, que todavía están y siguen trabajando.

No nos podemos confiar nosotros en el triunfo que nos ha dado Perón. Debemos seguir manteniendo la llama latente del coronel Perón y continuar iluminando los senderos de la Patria con nuestra vida, con nuestro sacrificio, con nuestro reconocimiento diario al general Perón, en esta cruzada patriótica que las futuras generaciones quizás comprendan más que nosotros mismos.

UNA REPARTICION EQUITATIVA

Y luego, además de luchar contra los malos argentinos, tenía que luchar contra los intereses que todos conocemos.

En el campo económico, el coronel Perón tenía que luchar por la independencia económica y por la economía social.

Por la independencia económica; y para esa produjo una verdadera mutilación de los imperialismos dominantes, reconquistando los servicios públicos de la Nación, que eran los instrumentos con que nos dominaban.

Por la economía social: poniendo el capital al servicio del pueblo, haciendo sentar por primera vez ante una mesa paritaria a patronos y obreros, para repartir equitativamente las ganancias de un capital que había explotado al pueblo, y que jamás lo había recompensado con una justa retribución.

LA OBRA DEL GENERAL PERON

Ustedes, con alto criterio, sabrán comprender lo arduo y difícil que habrá sido la lucha del coronel Perón en estos cuatro aspectos que acabo de enunciar ligeramente. Pero, cuando se está iluminado por algo superior, cuando la causa es la Patria, cuando el objetivo es la felicidad y la dignidad de su pueblo, no hay escollos, no hay obstáculos ni hay sinsabores que nos puedan detener.

El coronel Perón estaba iluminado por algo divino, y pudo darnos la Argentina de bonanza y felicidad en que estamos viviendo ahora, y, sobre todo, la dignidad nacional, ya que cada uno de nosotros se siente ahora más orgulloso de nuestro egregio nombre de argentinos.

Al trasponer las fronteras, todos los argentinos se dan cuenta de la conquista ciclópea que ha obtenido el general Perón, en el sentido de la soberanía y de la dignidad del país, por las cuales ha bregado.

ACOMPAÑADO POR SU PUEBLO

La lucha ha sido ardua, pero venció. Venció como vencen los grandes, acompañado por el pueblo, por los hombres y mujeres de bien, por los humildes, a quienes, como ya dije, tal vez porque Dios no les dio riquezas materiales, les brindó la riqueza más grande a que podemos aspirar los hombres y mujeres de bien: la grandeza espiritual para comprender a los grandes y para comprender todo lo superior, viendo con los ojos del alma, que ven mucho más allá...

EL ANTIPERONISMO

Es grande la lucha que le hizo el antiperonismo capitalista al general Perón, porque la causa que dio nacimiento al peronismo es precisamente el capitalismo. Ya ustedes habrán podido darse cuenta de eso y lo sabrán, sin necesidad de que lo expliquemos.

Perón no es anticapitalista, ni tampoco es anticomunista: Perón es justicialista. Por eso los capitalistas y los comunistas se volvieron antiperonistas.

Perón quiere hacer realidad su Justicialismo por eso es combatido por los antiperonistas del capitalismo, la oligarquía y los capitales extranjeros, y por los antiperonistas del comunismo, o sea por los imperialismos de izquierda y de derecha.

Perón basa su justicialismo en la felicidad, la grandeza y la soberanía de la Patria.

Sabemos, pues, que el peronismo es esencialmente distinto del capitalismo.

Antes de 1943, el capitalismo no tenía más que un solo enemigo: el comunismo.

El capitalismo no podía seguir dominando en el mundo y a la larga iba a ser vencido por el comunismo, porque a los pueblos no se los puede explotar indefinidamente. Todo tiene su fin. Ante el peligro de ser vencido, el capitalismo en manos del comunismo, y ante la desgracia que azotaba al mundo de un capitalismo sin patria ni bandera y aun desnaturalizado, Perón decidió salvar a su pueblo de los dos males: del antiguo, el capitalismo, y del futuro, el comunismo.

EL COMUNISMO, OTRA CAUSA
DEL PERONISMO

Por eso podemos decir que el comunismo es otra de las causas del peronismo, pues si no hubieran existido en el mundo el capitalismo y el comunismo, Perón tal vez no hubiese debido crear el Justicialismo como doctrina del peronismo, y todos los países quizá hubieran vivido dentro de una grandeza espiritual, con soberanía política, con independencia económica y con justicia social.

De allí que al estudiar las causas del peronismo, tengamos que analizar al *capitalismo* representado directamente por la *oli-*

garquía, los *imperialistas* y *los monopolios internacionales*, y al comunismo como causa indirecta, representado por los *falsos dirigentes del pueblo*, que sólo quieren someterlo a una explotación tan inhumana como la del capitalismo.

EL PERONISMO NO ES UN SIMPLE MOVIMIENTO POLITICO

Para comprender bien la historia del peronismo hay que establecer claramente que el peronismo no es un simple movimiento político. En este sentido es muy importante que ustedes piensen, cuando están al frente de las unidades básicas, que representan a un movimiento de una causa superior y no a los viejos partidos de la política circunstancial, que sólo trabajaban sobre la mentira y el engaño.

El Partido Peronista es un movimiento superior, y eso lo debemos grabar nosotros muy profundamente en nuestro corazones.

El peronismo ha cambiado todo el orden político, económico y social de la Nación. *Lo que antes había no tiene nada que ver con lo que hay ahora. Esto es lo que debe entender claramente cada peronista.* Lo que había antes de la reforma de Perón *era un sistema capitalista de gobierno y de vida.* Lo que hay ahora es un sistema distinto, que Perón llama Justicialismo, pero que la historia indudablemente unirá siempre al nombre de Perón y le llamará, como le llaman los niños, los humildes y los trabajadores de la Patria: Peronismo.

UNA CAUSA DISTINTA

Todos los peronistas coinciden en que *el peronismo es una cosa completamente distinta del comunismo.* Pero de lo que no todos están convencidos es de que el peronismo también es absolutamente distinto del capitalismo. Esto es muy importante que lo aclaremos. *El peronismo es completamente distinto del capitalismo, y no vamos a caer nunca en el error de creernos pequeños oligarcas, porque con la oligarquía nace el capitalismo.* Observen ustedes que yo he dicho que el peronismo es anticomunista o anticapitalista. Ser "anti" es estar en posición de pelea o de lucha, y el *peronismo quiere crear*, trabajar, engrandecer a la Patria sobre la felicidad de su pueblo. Los que nos pelean son ellos; unos, porque sirven a intereses internacionales de izquierda, y otros, porque sirven a intereses internos, mezquinos y bastardos, cuando no a intereses también foráneos de imperialismos de derecha.

NO QUEREMOS DESTRUIR A NADIE

Nosotros *no queremos destruir a nadie*. El mundo está dividido en dos bandos y nosotros no queremos destruirlos, porque destruiríamos a la humanidad.

Nosotros queremos que los dos bandos se den cuenta de que ninguno de ellos tiene razón, y de que *la razón es nuestra*. Tenemos la solución que ellos no tienen. ¿Para qué vamos a pelearnos?

Ellos no tienen la solución porque ninguno de los dos quiere dejar un poco de su egoísmo y de su ambición, y, además, porque a ninguno de los dos le interesa servir honrada y lealmente a sus pueblos y a la humanidad.

Nosotros no tenemos necesidad de pelear. Es como si estuviéramos viendo a dos hombres que pelean por unas monedas, ¡aunque éstos se pelean por algo más! Nosotros somos ricos (no lo seremos en dinero, pero somos ricos en felicidad, somos ricos por nuestra doctrina, por nuestra dignidad y porque tenemos la verdad; somos ricos porque hemos tenido la suerte de encontrar un conductor que nos entregue todas estas cosas, y la felicidad de que Dios nos haya iluminado para comprender a un hombre de los quilates del general Perón) y si sabiéndonos ricos, nos declarásemos enemigos de aquellos dos, para luego darles una parte de nuestras riquezas, ¡cometeríamos una locura!

EL PERONISMO ES DISTINTO
DEL CAPITALISMO

Conviene aclarar bien que *el peronismo es totalmente distinto del capitalismo.* Nosotros queremos trabajar, queremos construir la felicidad de nuestro pueblo, y deseamos honradamente que todos los pueblos vivan en paz, que sean felices, y que trabajen con la misma alegría con que trabajan hoy todos los argentinos, quienes mientras el mundo se debate entre odios, dolores, persecuciones y muerte, saben que están construyendo cada día una Argentina más grande y más feliz de lo que la encontraron.

Los argentinos, en esta hora incierta de la humanidad, tenemos el privilegio de soñar en un futuro mejor, y ese privilegio se lo debemos a Perón.

¿Quién en el mundo puede soñar?

¿Qué pueblo en el mundo, en este momento, puede soñar un futuro mejor?

El mañana se les presenta incierto... Y aquí los argentinos están pensando en su casita, en sus hijos, en que se van a comprar esto o aquello, en que van a ir a veranear.

Es que el nuestro es un pueblo feliz. Eso sólo bastaría para que todo el bronce y el mármol del mundo no nos alcanzara a los argentinos para erigir el monumento que le debemos al general Perón.

DIFERENCIAS ENTRE CAPITALISMO Y PERONISMO

Hoy quiero ocuparme de probar que el peronismo es totalmente distinto, del capitalismo, y perdonen que insista tanto en esto, porque es peligrosísimo que pueda renacer el espíritu oligarca entre nosotros; que se pueda engendrar en nosotros en pequeño y que después en grande, renazca el capitalismo y llegue a degenerar a este extraordinario movimiento que se ha amasado con el sacrificio y tal vez también —por qué no decirlo— con la ofrenda diaria de la vida de un patriota como el general Perón.

En las próximas clases veremos que el *comunismo tampoco tiene nada que ver con el Justicialismo*. Para entender mejor *en qué se diferencia el capitalismo del Justicialismo* tal vez sea conveniente conocer un poco la historia del capitalismo.

HISTORIA DEL CAPITALISMO

El capitalismo aparece en el mundo alrededor del año 1700. Algunos lo hacen nacer después de la creación de la máquina y de la evolución industrial que la máquina produjo en el mundo. Ustedes saben que la primera máquina industrial —la de vapor— fue lanzada al mundo, prácticamente, en 1705, y que mucho tiempo más tarde se construyó la primera máquina de hilar.

¿Por qué, sin embargo, decimos que desde 1700 el mundo conoce lo que es el capitalismo? Porque el capitalismo significa que toda la riqueza está al servicio del individuo que la acumula, y el maquinismo, con su evolución, trajo aparejado el cercenamiento de la actividad individual y el aprovechamiento en mayor escala del capital.

El capitalismo existe desde que unos pocos individuos son los poseedores de la riqueza, y el capitalismo nace, a mi juicio, antes de 1705, en que comienza la revolución industrial.

Para demostrar que en 1700, o tal vez antes, ya había capitalismo, vamos a hablar un poco le Inglaterra, por ejemplo. En ese país unos pocos eran poseedores de la riqueza.

En 1700 Inglaterra ya tenía las características de una sociedad capitalista, de una sociedad donde unos pocos ricos explotaban a muchos pobres.

COMO TRIUNFO EL CAPITALISMO

¿Cómo se habrá llegado a esta situación?, dirán ustedes. Por distintos caminos, en cada país se había roto el equilibrio de la propiedad privada. La tierra dejó de ser propiedad de las corporaciones, propiedad común de las ciudades o aldeas, como sucedía en la Edad Media, pasando a ser propiedad de unos privilegiados, amigos o parientes de los reyes, comerciantes enriquecidos, etc.

El caso de Inglaterra es típico; allí la Iglesia administraba un 30 ó 35 % de las tierras laborales, por medio de comunidades y corporaciones. Cuando Enrique VIII expropió todos los bienes de la Iglesia, tuvo la gran oportunidad de hacer una buena distribución de esa tierra, que no estaba ni en manos del pueblo, ni bien distribuida.

Pero no sólo no lo hizo así, sino que, poco a poco, fue entregando la tierra a unos pocos, que incluso ya poseían grandes extensiones y las entregó gratuitamente o por sumas irrisorias. Así fue como el 50 % de las tierras inglesas quedaron en manos de unos pocos poseedores, que dieron nacimiento a los lores, como se llamó desde entonces a los grandes terratenientes.

Cuando apareció la industria, ¿quiénes podían comprar las máquinas e invertir capital en la construcción de fábricas que necesitaban mucho dinero para su instalación? Solamente los terratenientes. *Así la oligarquía de terratenientes pasó a ser una oligarquía industrial.*

Eso en Inglaterra. En otros países —y por otros procedimientos similares—, los pocos poseedores de la riqueza se hicieron industriales. Por esto digo que el *capitalismo, en mi concepto, existía ya antes de la industria.*

LA EXPLOTACION DE LOS PUEBLOS

Desgraciadamente, los pueblos fueron explotados siempre por castas privilegiadas, ya sea de terratenientes, de comerciantes, etcétera, pero siempre fueron explotados.

Los industriales que ya eran terratenientes tenían gran influencia en los gobiernos; era lógico, desde que eran los poseedores de la riqueza. Con el nuevo poder de la industria, los dominaron totalmente. Así fue como el gobierno político de las naciones pasó a manos del poder capitalista. El gobierno se dirigía desde las cámaras de comercio —¡aquí lo sabemos muy bien!— y desde las industrias.

Un ejemplo típico de eso es Wall Street, cuyos magnates tienen fácil acceso al gobierno y están en el gobierno mismo, no conformándose con dominar en su patria, sino que quieren dominar en el mundo.

EL CAPITALISMO INTERNACIONAL

Pero el problema no terminó allí. Las industrias nacionales fueron creciendo hasta un punto en que la producción debió empezar a exportarse, y hubo que asegurar mercados en el resto del mundo.

Desde este momento, el poder económico del capitalismo presionó a los gobiernos para lanzarlos a la guerra imperialista o a la conquista pacífica del mundo.

110

A los que tenían dignidad, debían dominarlos por la fuerza; a los que habían nacido para sirvientes, los tenían de rodillas y les resultaban más baratos.

Donde los gobiernos no entregaban la riqueza nacional, promovían guerras. México, Cuba y los boers son un ejemplo. Inglaterra, en cincuenta años, llevó más de cuarenta guerras de conquista. Donde los gobiernos se entregaban como títeres, como he dicho, entregaban a sus anchas, ya que ni siquiera tenían que gastar en sueldos administrativos. ¡Vean ustedes qué barato!

EL CAPITALISMO
EN NUESTRA HISTORIA

Así va entroncándose la historia del capitalismo también con nuestra historia.

Eso lo conocemos bien nosotros, porque hasta hace muy pocos años hemos vivido en las garras de ellos, que todavía ahora no pueden resignarse a haber perdido el cetro de esto, que ellos decían que era una colonia mucho más barata que otras, porque nos administrábamos solos. ¡Y tenían razón!

En la República Argentina el capitalismo entró solapadamente. No tuvo necesidad de hacer guerra, aunque lo intentó en 1806 y 1807.

En el orden internacional, el capitalismo se parece al capitalismo en el orden interno de la sociedad.

En la sociedad capitalista hay hombres poseedores de la riqueza, o capitalistas que *ponen el dinero,* y hombres desposeídos que *ponen el trabajo.* Lo mismo ocurre en el orden internacional donde hay *países supercapitalistas* que *ponen el capital, y países sometidos que ponen el trabajo.*

NUESTRO PAIS Y EL CAPITALISMO

Nuestro país nació en un mal momento, desde este punto de vista. Nació en el momento de la plena juventud del capitalismo y del supercapitalismo. El supercapitalismo, bajo el pretexto de hacernos progresar, empezó a dominarnos, de 1850 en adelante. Esperó a que estuviéramos en paz, porque el capital jamás se arriesga en países intranquilos.

Primero nos dejaron pelear hasta que logramos nuestra independencia, y cuando estábamos completamente tranquilos, entraron.

Cuando llegaron a la República Argentina, se encontraron con que el gobierno estaba en manos de la oligarquía cuyo origen es, en parte, oligarquía de sangre: antiguas familias patricias, etcétera, y en parte, de dinero: terratenientes.

LOS POLITICOS AMBICIOSOS

Por eso nosotros debemos cuidarnos de la baja política de círculos y sólo preocuparnos de la alta política de los intereses de la Nación y del pueblo.

Por el mezquino interés de llegar, en una ambición desmedida, se hacían aliados hasta del diablo, en contra de los intereses del pueblo y de la Nación. Para ésos no habría sino castigo suficiente, porque traicionan a lo más sagrado: la Patria.

Eran hombres que no tenían corazón: sólo querían estar en el gobierno y pasarlo bien. Políticos ambiciosos, mediocres y baratos que quieren todavía llegar al poder sin importárseles cómo ni haciendo qué. Si pueden llegar engañando con piel de cordero, mejor, y si llegan empujando, también, porque no les interesa como. Solamente les interesa no tener dificultades, y ellos arreglarían cualquier asunto internacional con tal de pasarlo bien; es decir, engañando al pueblo, volverían a entregar la Nación.

DEBEMOS ESTAR ALERTAS

Pero nosotros, los peronistas, estamos ya muy bien acostumbrados, gracias a Perón, y muy alertas; y a cualquier gobernante que quisiera obrar de esa manera, que fuera un mal peronista o un opositor, lo arrojaríamos del país a la fuerza. *Porque hay algo que nos ha enseñado el General: amar a la Patria y ver cuáles son los enemigos de ella.* Hay algo que nos ha enseñado el General: amar a nuestro pueblo y saber cuáles son sus enemigos. Sobre todo, el General nos ha enseñado a ver cuáles pueden ser los malos, y nos ha dado la solución para la felicidad de nuestro pueblo.

Lo que no aceptará jamás el pueblo peronista es que alguien pueda hacer alianza con los enemigos de la Nación, ni siquiera disimuladamente, porque lo advertiríamos con los ojos del alma y con la intuición que el pueblo tiene. *Y tampoco nadie podrá ya destruir las conquistas sociales de que disfruta el pueblo argentino, gracias a Perón y por Perón.*

DEFENDER A LA PATRIA

Para defender la justicia social, la independencia económica y la soberanía política no necesitaríamos venir a esta Escuela Peronista; eso nos enseñó Perón el día que apareció en la Patria; eso nos lo enseña Perón todos los días con .su ejemplo, con su vida espartana y de patriótico sacrificio, que nos enorgullece a todos.

Esas tres cosas nos la enseñará siempre el recuerdo ilustre del general Perón, y las futuras generaciones de argentinos, al elevar su memoria hacia Perón, sabrán que tiene que cumplir aquellos tres objetivos, haciendo cada día más feliz a la Patria, engrandeciéndola económica y prácticamente y velando por su soberanía, jamás desmentida, pues la hemos sentido siempre anidada en nuestro corazón, aunque el general Perón fue quien nos hizo poner de pie a todos los argentinos para defenderla.

AMAR SIEMPRE A PERON

Dice uno de los alumnos algo muy simple y muy sabio: para no equivocarnos, hay que amar siempre a Perón. Sí, porque amando siempre a Perón el pensamiento no se detiene más que en acciones nobles, la vista no se fija más que en cosas buenas y grandes, y siguiendo su figura no se pueden realizar sino grandezas para la Patria y para el pueblo.

LAS CONQUISTAS NO SE DISCUTEN

Yo pienso, compañeros y compañeras, que *las conquistas no se discuten*: se defienden, como dijo el General. La justicia social, la independencia económica, la soberanía de la Patria no deben discutirse: ha llegado el momento en que deben defenderse. ¿Cómo hay que defenderlas? Empezando por ofrecer la vida misma, si es necesario, pero no con palabras, sino con la acción, siguiendo al general Perón.

Es necesario que nosotros, que tenemos el privilegio de llevar el estandarte peronista, que es justicia social, independencia económica y soberanía política; nosotros, que tenemos el privilegio de contar en nuestro partido con la figura señera del general Perón, no permitamos que cuatro descastados o descastadas levanten tribunas para difamarlo.

Nosotros no podemos permitir que se toque al general Perón, porque él debe ser sagrado como la Patria y ha de ser tanto o más sagrado que nuestra vida. ¿De qué vale vivir la vida si no se es capaz de entregarla ante el altar de la Patria por una causa superior?

Si en algún momento me pidiera el general Perón mi vida, yo se la entregaría feliz, porque así habría hecho algo grande, sirviendo a la Patria y a un hombre de los quilates del general Perón. Por eso digo que llegado el momento de la bastarda discu-

114

sión callejera, no debemos aceptar jamás que se ataque al general Perón.

Tenemos que juramentarnos en eso, y hay muchas maneras de hacer callar a los vendepatria. *Tenemos que hablar todos los peronistas para que la obra de Perón y Perón sean inatacables.*

LOS POLITICOS DEL CIRCULO

Podemos aceptar, tal vez, que se toque a algún funcionario, porque a lo mejor así se nos podrán abrir los horizontes y sugerírsenos ideas, pero las obras de Perón ni Perón no pueden ser tocado por quienes siguen vendiendo la Patria al diablo.

Nosotros no vamos a permitir que cuatro malos argentinos nos amarguen el alma queriendo manchar lo que es inmaculado: la figura ya gloriosa del general Perón.

LOS COLABORADORES ANONIMOS

Pero puede tener la plena seguridad el General que nosotros los humildes, los pequeños, no aspiramos a otro honor que no sea el de colaborar con él; no queremos más cargo ni podemos ambicionar más distinción que la que algún día digan de nosotros que fuimos colaboradores anónimos —más grandes todavía—, pero leales, constantes y disciplinados hasta el renunciamiento.

Por eso yo, tal vez especulando un poco, *no ambiciono ni quiero tener ningún título dentro de nuestro movimiento,* porque no pasarán a la historia los que tengan cargos, ya que Perón es único; pasarán a la historia los humildes que acompañaron a Perón y el pueblo.

¡Por eso, no pudiendo ser Perón, yo quiero ser pueblo!

Los políticos, los que acompañan al General en los grandes cargos —que me perdonen, yo los quiero mucho, como todos ven—, no pasarán a la historia: forman un partido político. *De nuestro movimiento no surgirá nada más que el pueblo y Perón. Yo quiero tener el honor de compartir esa gloria dentro del pueblo.*

UNO PARA TODOS
Y TODOS PARA UNO

En eso, el general Perón debe tener la esperanza —porque no podemos decir, desgraciadamente, que le podamos dar ya la satisfacción de haberlo logrado totalmente— de que todos los peronistas de buena voluntad vamos a proceder así y a formar en nuestro corazón de peronistas auténticos la férrea voluntad de apartar de nuestro lado a todo aquel que haga "trenzas" o que se sienta más importante de lo que es, para cumplir con el ya histórico lema del general Perón: *"Uno para todos y todos para uno".*

SUPER CAPITALISMO
Y OLIGARQUIA

Vuelvo nuevamente al tema. A los otros, a los que no se encontraban al lado de la oligarquía —como Sarmiento—, lo entusiasmaron con el progreso técnico. Así fue poco a poco cayendo el país en manos del capitalismo internacional, con la complicidad de la oligarquía gobernante y de los que, con motivo del progreso técnico, entregaron todo sin control.

Ya pueden ustedes ver claramente cómo el capitalismo conquistó el país, y entender por qué cualquiera que quisiese gobernar libremente la Nación debía romper el poder capitalista. *Eso es lo que hizo Perón en sus tres fomas: capitalismo interno, supercapitalismo y oligarquía que los servía en el gobierno del país.* Son tres sistemas muy poderosos con los que tuvo que luchar el general Perón y que todos conocemos.

Poco a poco los capitalistas extranjeros vieron que era mayor negocio hacer algunas cosas aquí que hacerlas en Europa o en Estados Unidos, los ricos de aquí aprendieron también ellos a ganar más dinero explotando a los obreros.

Así fue creando el problema social, político y económico, del capitalismo argentino.

Tenemos, entonces, un supercapitalismo que sacaba la riqueza argentina hacia el extranjero, un capitalismo interno que explotaba a los trabajadores directamente y una oligarquía que respetaba y ayudaba a la acción de los capitalistas en nombre de la libertad. Pero una era la libertad de los ricos patrones y otra la libertad de los obreros: la de los patrones, la de enriquecerse, y la de los obreros, la de morirse de hambre. ¡Creo que hay una pequeña diferencia!

LA OLIGARQUIA EN EL GOBIERNO

La oligarquía, en el gobierno, servía los intereses de los ricos y nunca los del pueblo. Cuando alguien en el gobierno hacía una cosa rara, no muy capitalista, contra ése se lanzaba un instrumento poderoso creado por los supercapitalistas, que lo llamaron —y siguen llamando— el "cuarto poder", y que todos conocemos.

El capitalismo aseguró bien sus planes, pero no contó, tal vez, con que el hombre no podía ser explotado siempre.

Un buen día se agruparon los obreros en sindicatos, y aunque fueron perseguidos, no fueron destruidos.

El hambre y el dolor de sus hijos los unió para siempre.

Poco a poco, la reacción fue creciendo y empezó a hablarse en el mundo de la doctrina comunista.

El capitalismo, sin embargo, se encerró en sus posiciones, por que es egoísta, frío y calculador, y de tan calculador, el diablo lo perdió.

Perón ha dicho muchas veces: por querer salvarlo todo, van a perder hasta la cabeza. Pero no quieren saber nada.

LA TAREA DE PERON

Ante el peligro comunista y antes de que el pueblo lo aceptase como solución desesperada, Perón tomó en sus manos la tarea inmensa de hacer en la Argentina una cosa nueva, porque Perón es de los hombres a quienes les gusta andar por los caminos nuevos a diferencia de otros a quienes les gusta siempre caminar sobre las cosas hechas. El grupo grande se conforma con un éxito, mientras que el grupo pequeño no se conforma sino con la gloria.

LA JUSTICIA SOCIAL
DESTRUYE AL CAPITALISMO

Perón respira y aspira el aire del siglo que ha de cantar sus glorias y vive casi en la eternidad.

De esos hombres es el general Perón.

El empezó a hablar de sustituir la lucha por la cooperación, y los obreros lo siguen.

Son más generosos y pueden comprender más porque no tienen el alma cerrada por la avaricia, mientras que los capitalistas lo niegan y lo acusan de demagogo. *Perón, entonces, crea en el país el gran instrumento que da la solución: la justicia social.* La justicia social empieza a destruir el capitalismo.

El capitalismo sólo tiene por finalidad aumentar el capital: dinero, dinero y más dinero.

La justicia social exige que ese dinero sea distribuido, como decía el entonces Coronel, equitativamente; que gane el capital, pero que el capital sea útil al hombre, al obrero y a la familia.

LA DOCTRINA JUSTICIALISTA

El capitalismo tiene su propio fin en el dinero. *El justicialismo de Perón tiene su fin en el hombre.* Ahí está la gran diferencia. En la Argentina Justicialista podrá haber capital, pero no capitalismo.

Podrá haber fábricas e industrias, pero no explotación de los trabajadores. Es decir, nosotros no estamos contra el capital constructivo, nacional, siempre que éste también sea humanizado.

El Justicialismo es distinto del capitalismo: ésa es una verdad tan grande, que los que ahora atacan a Perón no son los anticapitalistas, sino los mismos capitalistas.

LA PATRIA ESTA SALVADA

Pero no les tememos. "Ladran, Sancho —decía Don Quijote—, señal que cabalgamos".

Ellos van a tener un despertar muy violento. Nosotros, felizmente, gracias a Perón, ya hemos despertado y estamos de pie junto al pueblo.

Cuando pase esta hora de incertidumbre, *el mundo entero verá que Perón tenía razón;* haremos que se salve del comunismo, salvándolo a la vez del capitalismo. Ya hoy los obreros del mundo ven en el general Perón una luz, y nosotros, los argentinos y los humildes, ya hemos abrazado al General para hoy, para mañana y para siempre.

CAPITULO VI

LAS CAUSAS DEL JUSTICIALISMO

Volveré sobre algunas consideraciones hechas en mi'clase anterior sobre el capitalismo para seguir luego estudiando las causas del peronismo. En esa oportunidad dije que el peronismo nació para la historia el día en que los obreros, los primeros obreros vale decir, el pueblo, se encontraron con Perón, después del 4 de Junio y antes del 17 de Octubre, y vieron en él la esperanza que habían perdido después de·un siglo de oligarquía. Ese encuentro se realiza por primera vez el 27 de noviembre de 1943, cuando Perón decide crear la Secretaría de Trabajo y Previsión.

Y deseo dejar bien claro esto, por varias razones.

Primero, porque yo debo enseñar la historia del peronismo, la verdadera historia, y además, porque esto nos demuestra que el general Perón siguió, desde el primer momento de la revolución del 4 de Junio, un camino distinto del que siguieron los demás hombres de la revolución.

Para él la revolución no consistía en cambiar un gobierno por otro, sino en cambiar la vida de la Nación.

EL TELON QUE SE LEVANTA

En mi clase anterior dije que el peronismo no había nacido el 4 de Junio, y que aquella fecha era el telón que se levantaba sobre el escenario donde se iba a desarrollar uno de los acontecimientos más destacables en la historia del mundo; y lo dije muy bien, porque ustedes conocen las razones que tengo para decir que el 17 de Octubre es una revolución tal, que en el mundo no ha habido otra igual. No puede compararse a ninguna otra revolución que la humanidad haya realizado.

La revolución del 4 de Junio no tiene de peronista nada más que la proclama, porque para nosotros, lo quiero dejar bien aclarado, la verdadera revolución es la del 17 de Octubre.

Cuando el general Perón quiso hacerse cargo del Departamento Nacional del Trabajo, le hizo llegar ese pedido al señor presidente de la República.

En ese momento muchos se rieron de aquella aspiración, que consideraron una ocurrencia peregrina; pero, como era la primera vez que el coronel Perón pedía algo, por eso lo nombraron.

No tanto porque era la primera vez, sino porque pedía algo que ellos creían que era un puesto mediocre; sin importancia, y que era cosa de locos pedir el Departamento Nacional del Trabajo.

Ellos opinaban así porque no pensaban realizar una revolución integral, sino un cambio de hombres; no pensaban como el general Perón.

LA ACTUACION DEL GENERAL

El entonces coronel Perón siguió siendo ministro de Guerra por inspiración de sus compañeros; mejor dicho, por imposición de los mismos, tal como lo relata el mismo General en sus memorias que transcriben también la distinta forma de actuar de Perón en la revolución del 4 de Junio con respecto a la forma como actuaban los demás.

Esto nos permite deducir que para Perón las causas de la revolución no eran las mismas que para los demás.

Tan distintas eran las causas, que por dos veces consecutivas Perón tuvo que jugárselo todo y exigir la destitución del presidente de la República.

Yo no puedo menos que decir esta verdad, que nadie podrá discutir, y es que para salvar a la revolución y al movimiento, el coronel Perón tuvo que exigir, junto con un grupo de compañeros, el reemplazo del presidente de la República.

EL FRAUDE POLITICO

Porque Perón había realizado la revolución por causas que no son las que perseguían otros compañeros suyos.

Los demás creían que las causas de la revolución eran el fraude y la inmoralidad en la administración pública, y los círculos políticos que no se ocupaban del país, sino de seguir en el gobierno a cualquier precio y a cualquier costa.

Perón va más allá.

Si todo hubiese consistido solamente en eso, la revolución habría cumplido con el pueblo en muy poco tiempo. Con una simple reforma política se arreglaba todo.

Pero eso era mirar el problema muy superficialmente, pues si bien era un problema fundamental el fraude con que se había engañado al pueblo por tanto tiempo; si bien era un problema serio para los gobiernos anteriores la inmoralidad administrativa, el problema más serio —y aun el más agraviante para el pueblo— era la explotación del hombre por el hombre y, por otra parte, la entrega constante de la Patria a la potencia extranjera que pagara más.

Pero, para desgracia de los argentinos, no sólo se vendía la Patria; se rendía pleitesía a las potencias con el solo fin de tener amigos importantes en el extranjero.

Eso era más fundamental.

123

EL OBJETIVO PRINCIPAL

El objetivo principal era, pues, establecer la Justicia Social que debía realizarse a pasos agigantados en nuestro país, atrasadísimo en legislación social.

Era necesario dignificar al pueblo argentino y consolidar, además, la soberanía nacional que era declamada, pero que no se practicaba ni se realizaba de la manera como la soñaban todos los argentinos de bien.

Eso era lo que más preocupaba al general Perón.

LOS PELIGROS PARA LA HUMANIDAD

Pero el general Perón veía mucho más lejos.

Comprendió que la guerra terminaba; que posteriormente a la guerra con los totalitarismos fascistas, comenzaría en el mundo una nueva lucha entre el capitalismo y el comunismo.

Eso advirtió entonces: que el capitalismo era un simple sistema de explotación del hombre, que estaba destinado a ser vencido en el mundo, precisamente por eso y, además, por ser imperialismo. Y advirtió, también, que el único sistema que podía vencer al capitalismo, en ese momento, era el comunismo, también sistema de explotación del hombre, también imperialismo.

Es decir, que el capitalismo y el comunismo representaban dos peligros para la humanidad.

Perón había comprobado, también, que en nuestra patria ambos imperialismos tenían ya sus puntas de lanza. *El imperialismo capitalista estaba representado, aquí, por nuestra oligarquía, las organizaciones económicas, los monopolios internacionales, la prensa, los representantes de los imperialismos capitalistas y los partidos oligárquicos.* El comunismo estaba representado por el partido comunista, agentes infiltrados en la dirección de todos los demás partidos y algunos dirigentes sindicales, mercenarios uno y engañados otros. También se plegaban al imperialismo comunista muchos obreros, a quienes la desesperación echaba en sus brazos.

LA REFORMA SOCIAL
Y ECONOMICA

Y Perón llegó a la siguiente conclusión: si la revolución quiere salvar realmente al pueblo argentino, no deberá realizar simplemente la reforma política; deberá también llevar a cabo la reforma social que anule la acción del comunismo, y la reforma económica que rompa el dominio capitalista.

Esto era de vital importancia para la Patria.

Pueden ustedes ver claramente que si quisiéramos distinguir las causas del peronismo de las causas de la revolución de Junio, deberíamos decir: las causas de la revolución de Junio fueron simplemente políticas; las causas del peronismo fueron aunque también políticas, fundamentalmente económicas, sociales y patrióticas.

Ya hemos visto cómo actuó el capitalismo en su carácter de causa del peronismo, ahora veremos cómo actuó el comunismo.

Es decir: hemos tratado la causa "capitalismo", sintéticamente, en la clase anterior, exigidos por el escaso tiempo; pero estoy seguro de que ustedes conocen bien el punto y saben cuáles son las armas poderosísimas, económicas y políticas o periodísticas, que utilizó el capitalismo para tratar de destruir al Justicialismo, al que consideró casi más peligroso que al comunismo, porque sabe que *el Justicialismo es el único sistema que llevará la felicidad a los pueblos.*

De allí que para los capitalistas el Justicialismo sea enemigo poderoso, pues si se difundiera en el mundo significaría su derrota definitiva.

EL COMUNISMO EN EL MUNDO

La historia del comunismo nos permitirá comprender mejor la historia del peronismo. El peronismo y el comunismo se encontraron por primera vez el día en que Perón decidió que debía realizarse en el país la reforma social, estableciendo al mismo tiempo que la reforma social no podía realizarse según la reforma comunista.

Piensen ustedes que si Perón, para hacer la reforma económica, tenía que mutilar al imperialismo capitalista, haciendo la reforma social quitaría al comunismo, y a su correspondiente imperialismo, álgo que ellos consideraban presa muy codiciada: las masas obreras.

Para anular al capitalismo, Perón concibió la independencia económica, y la realizó, porque lo grande de Perón es no ser un teórico, sino un maestro realizador.

Para anular la acción comunista, concibió la justicia social, y también la realizó.

Eso es lo grande de Perón.

Ha salvado al país de dos fuerzas poderosísimas que oprimían a las naciones y explotaban al hombre.

Eso es lo que más le agradecerán las generaciones venideras.

Nosotros, tal vez por tener el privilegio de estar viviendo en la época de Perón, si es cierto que lo comprendemos, si es cierto que lo seguimos, que lo queremos y que lo apoyamos, no lo apreciamos en todo su valor porque lo tenemos demasiado cerca y porque Perón es demasiado grande.

Perón, con el tiempo y la distancia, se agrandará más aún si es posible, y las generaciones venideras no terminarán de bendecirlo por haber hecho una obra tan gigantesca, no sólo en bien de la clase trabajadora, sino también de todos los argentinos - y a nosotros nos queda la responsabilidad histórica de consolidar la justicia social, o de avalarla, como así también la independencia económica y la soberanía nacional.

EL CAPITALISMO ES LA CAUSA DEL COMUNISMO

Muchas veces ha dicho el general Perón que el capitalismo es la causa del comunismo.

Eso no todo el mundo lo comprende bien —sobre todo los capitalistas—, pero eso es indudable.

Una prueba de ello es que las primeras reacciones obreras de carácter comunista aparecieron en Inglaterra, cuna del capitalismo.

Decir que el comunismo nació con Marx no es una verdad absoluta.

Marx solamente interpretó, con una doctrina, la rebeldía de los obreros explotados.

Antes que él ya existía en el mundo el sentimiento de rebeldía comunista, y mucho antes de que Marx publicara el *Manifiesto* y *El Capital* ya existían en Inglaterra sociedades secretas de trabajadores que habían realizado las primeras revueltas obreras contra la explotación capitalista.

EL GRITO CONTRA EL CAPITALISMO

En 1817, una sublevación de los obreros algodoneros, en Mánchester, había sido sofocada por escuadrones de caballería.

En 1824, los obreros ingleses realizaron en todas las ciudades una campaña de agitación —asómbrense ustedes— para conseguir que se acordase el derecho de votar a todos los hombres mayores de edad, pensando ingenuamente que así lograrían imponerse en la Cámara de los Comunes, y que se redujese la jornada de trabajo de 14 a 10 horas.

Largo sería analizar toda la historia del movimiento obrero mundial antes de Marx y del comunismo. Pero esto lo digo para aclarar que antes que Marx los obreros ya habían levantado su grito en contra del capitalismo.

LA FUERZA DE LA UNION

El comunismo fue una forma de la rebeldía proletaria, y por eso tuvo éxito.

Los obreros del mundo no entendían las obras de Marx, pero seguían el grito de Marx: "Proletarios del mundo, uníos", porque se daban cuenta de que sólo unidos se salvarían de la opresión capitalista. El mismo Marx, ante la crítica de que hacían objeto a su obra, *El Capital*, que era de difícil comprensión, y que se la hacían los propios trabajadores, decía: "No hay en la ciencia caminos anchos, y sólo pueden alcanzar las cumbres luminosas los que no caigan por la fatiga en los caminos estrechos". Esto está en una carta escrita por Marx a su editor de *El Capital*.

LOS TRABAJADORES EN LA HISTORIA

El gran éxito de Marx reside no tanto en haber escrito *El Capital* y el célebre *Manifiesto*, sino en haber visto que frente al capitalismo, fuerza internacional, sólo podía oponérsele la unión de·todos los obreros del mundo. Marx, que vivió muchos años en Inglaterra, en una extrema pobreza, vio que muchos de los obreros ingleses unidos desistían de oponerse a los capitalistas ingleses, exigiéndoles mejores salarios y jornadas de 10 horas; porque iban a buscar obreros a Polonia y a Alemania. Esto le hizo comprender que el movimiento obrero debía ser internacional. En 1866 fundó en Londres La Internacional, y Marx personalmente le infundió el sello de sus ideas.

En 1866 se realizó el Primer Congreso Internacional Comunista, con sesenta delegados.

Marx murió en 1883, en Londres, a los 65 años, y en el mismo día Engel escribió "La mejor cabeza del siglo XIX ha dejado de pensar".

Desde entonces, millones de hombres y de mujeres han visto en Marx una bandera, e invocando su nombre, los obreros han luchado durante un siglo contra el capitalismo.

¡Claro, porque estaban desesperados!

Yo les voy a decir por qué pasaba todo eso: porque frente a Marx no ha habido términos medios.

Solamente nosotros, que no somos capitalistas ni comunistas, que no tenemos por qué odiarlo, porque no estamos en el sector de sus enemigos, ni tenemos por qué quererlo ni hacerlo semidiós, porque no estamos en él ni es nuestra bandera, podemos analizar su obra y su figura con serena frialdad, y tal vez por primera vez desde su muerte, con una gran imparcialidad.

En el movimiento comunista del mundo debemos distinguir tres cosas: primero, la figura de Marx y su doctrina; segundo, el movimiento obrero; tercero, el imperialismo comunista.

Sobre estos tres puntos deseo dar mi opinión, porque así podré ubicar mejor al movimiento peronista en la historia.

LA FIGURA DE MARX Y SU DOCTRINA

Para nosotros, Marx es un compulsor. Ya he dicho que vemos en él a un jefe de ruta que equivocó el camino, pero jefe al fin.

En él hay dos aspectos fundamentales: primero, el organizador o conductor del movimiento obrero internacional; y segundo, el creador de una doctrina.

Como conductor del movimiento obrero internacional, los pueblos del mundo le deben que les haya hecho entender que los trabajadores deben unirse.

Recuerden ustedes que eso mismo repite y repetirá siempre el general Perón a sus trabajadores. *"Unidos* —dice Perón—, *los trabajadores son invencibles".*

129

Si Marx hubiese hecho solamente eso y si se hubiese dedicado a esa teoría, uniendo a todos los trabajadores del mundo en procura de soluciones justas a sus problemas, su gloria sería indiscutible.

Pero lo discutible de él es y seguirá siendo siempre su doctrina, pues aunque estaba destinada al pueblo, muy pocos hombres del pueblo la abrazaron conscientemente, y muchos lo hicieron inconscientemente sin saber con exactitud de qué se trataba, *más bien como un gesto de rebeldía que como una solución.*

LUEGO VENDRA
QUIEN CONSTRUYA

Y aquí quiero traer un recuerdo de Italia.

Recuerdo que en ese país decía Togliatti: "Nosotros no tenemos todavía un plan definitivo para seguir; nuestro gran objetivo es destruir dos siglos de capitalismo; luego vendrá quien construya".

La doctrina de Marx es, por otra parte, contraria a los sentimientos de pueblo, sentimientos profundamente humanos.

Niega el sentimiento religioso y la existencia de Dios. *Podrá el clericalismo ser impopular, pero nada más popular que el sentimiento religioso y la idea de Dios.* ·

El marxismo es, además, materialista, y esto también lo hace impopular. El marxismo es extraordinariamente materialista. Por otra parte, es impopular porque suprime el derecho de propiedad, tan profundamente humano.

Pero por sobre todo es interesante destacar que Marx, como conductor de las primeras organizaciones obreras, interpretó el sentir de las masas, y por este hecho lo debemos considerar como un precursor en el mundo.

Su doctrina, en cambio, es totalmente contraria al sentimiento popular. Solamente por desesperación o desconocimiento de la doctrina marxista pudo el comunismo difundirse tanto en el mun-

do; *se difundió más por lo que iba a destruir que por lo que pro-*
metía construir.

Ustedes pueden comprobar a cada momento que los comunistas no son hombres constructivos; son personas que todo lo niegan; son extraordinariamente demagógicos, porque no tienen responsabilidad y porque jamás piensan en cumplir con sus promesas;
prometen y prometen sólo para destruir. "Luego vendrán quienes
construyan".

MARX DIVIDIO A
LOS OBREROS

El movimiento obrero siguió en el mundo su marcha ascen-
dente.

Marx infundió su conciencia de unidad, pero dividió a los
obreros con su doctrina.

Surgió el socialismo, como doctrina comunizante atenuada.

Yo pienso que aun sin el comunismo y sin el capitalismo el
movimiento sindical habría seguido su curso en el mundo tal vez
más lentamente, pero no con menos fuerza.

El movimiento obrero se realizó en todas partes como una necesidad, no para luchar por el comunismo o por el socialismo,
sino para luchar por una mejor situación del pueblo frente a la
explotación capitalista.

Por eso los comunistas y los socialistas eran pocos en los sindicatos. Claro que eran los más activos, y a ésos los conocemos
bien. Los demás eran obreros que querían defenderse para vivir.

LA PRIMERA DERROTA
DE MARX

El primer gobierno comunista del mundo aparece en Rusia
en 1918. Es interesante señalar que no lo realizan los trabajado-

131

res sindicalmente organizados, sino una masa explotada y hambrienta. Sus dirigentes no son obreros, ¡asómbrense!, sino intelectuales a quienes no les preocupa tanto el trabajador industrial como el campesino.

No es un movimiento dirigido esencialmente contra el capitalismo, sino contra los terratenientes. Aquí se produce la primera derrota de la doctrina de Marx, porque la misma no puede ser integralmente realizada.

No se suprime totalmente la propiedad, porque en Rusia, por ejemplo, veinte obreros pueden tener su fábrica, mientras que la doctrina no permite la propiedad.

Claro que las mayores industrias son del Estado, que explota a los trabajadores, pero no han cumplido con la doctrina de Marx.

Quiere decir que aquí sufre la primera derrota la doctrina de Marx, que pronto se convierte en un imperialismo más, y el imperialismo es un camino equivocado, porque crea resistencias en todos los pueblos.

LAS MASAS SUFRIENTES

En mi clase anterior hemos visto cómo el capitalismo estuvo representado en la República Argentina por la oligarquía y las fuerzas internacionales del capital extranjero y del imperialismo.

Frente a sus fuerzas poderosas se levantó aquí, como en todas partes, la reacción de los explotados, las masas sufrientes y sudorosas, como alguna vez dijera el coronel Perón.

Yo me precio siempre de haber sentido y sufrido con el pueblo aquella opresión, y de haber visto desde adentro la reacción popular.

Yo puedo hablar de eso con plena autoridad, para decir que aquella reacción permanente, silenciosa y apreciable del pueblo contra la oligarquía no era comunista ni deseaba serlo.

Los auténticos dirigentes sindicales no deseaban tampoco el comunismo, y tal vez por esa razón, por no querer ser comunistas, muchos se hicieron socialistas, porque alguna puerta de escape tenía que tener esta gente, que luchaba por un poco, nada más que por un poco de pan.

Los dirigentes nuestros se han pasado muchos años luchando por migajas y soñando con una dignidad que jamás creyeron que iba a llegar a las clases trabajadoras argentinas, hasta el advenimiento del general Perón.

Entre los dirigentes comunistas hubo pocos dirigentes verdaderamente comunistas.

Los dirigentes eran dirigentes a sueldo.

A ellos no les interesaba el plan de los trabajadores. Por eso no hicieron lo que la masa quería, se opusieron a Perón y, siguiendo instrucciones extrañas, se aliaron con la oligarquía.

Esto no debemos olvidarlo jamás.

No se concibe que para el 24 de febrero de 1946, los comunistas, los que se llamaban dirigentes del pueblo, lo mismo que los socialistas, los conservadores, los demócratas progresistas y los radicales, *formasen esa tan desgraciada Unión Democrática, bochorno y vergüenza de todos los argentinos.*

ALIANZA DE TRAIDORES

No nos puede extrañar que los conservadores, los radicales y los demócratas progresistas se aliaron en un maridaje en el que estuvieron siempre, a pesar de los enconos políticos, porque se repartían el gobierno; pero lo que nos extraña —y no lo podemos olvidar— es que esos que se llamaban dirigentes del pueblo, los socialistas y los comunistas, se aliaron con la más cruda y rancia oligarquía nacional e internacional; se aliaron con el más crudo capitalismo, en contra de los trabajadores argentinos.

No podremos olvidar jamás que se aliaron para vender la Patria, para entregar el patrimonio nacional.

Esto es más comprensible, porque no podemos olvidar que

tanto los socialistas como los comunistas son internacionales y *no les puede interesar lo que para los argentinos, y sobre todo para los peronistas, es tan sagrado: la Patria.*

Tampoco podemos pensar como ellos, que a pesar de ser unos traidores, podían haber disminuido su traición no aliándose con las fuerzas del capital. Pero es que cuando los juegos políticos les interesan, demuestran que bajo la piel de cordero tienen alma de lobo.

Eso es lo que demostraron los socialistas y los comunistas en nuestra patria, y así como se aliaron en 1945, lo harán cuantas veces sea necesario para poder llevar adelante sus intereses bastardos y mezquinos.

Su política y su doctrina no son constructivas, sino destructivas.

EL CAMINO DE LA FELICIDAD

Las fuerzas trabajadoras han vencido y hoy, gracias a los humildes, a los hombres de bien y a los trabajadores que vieron en Perón no sólo al realizador y al reformador social, sino al patriota, al hombre que daba seguridad a la Patria, al hombre que iba a luchar para que cuando él se retirara la Patria fuese más grande, más feliz y más próspera de la que encontró.

Ellos hicieron posible el triunfo de Perón.

Por eso los argentinos nos podemos vanagloriar y gozar de nuestra justicia social, de nuestra independencia económica, que cada día se está acrecentando gracias al esfuerzo patriótico y a la visión extraordinaria del general Perón. También, en la parte nacional, hoy los argentinos nos sentimos orgullosos de nuestra soberanía, y, como ya dije el 1º de Mayo: *"Cuando nuestra bandera se pasea por los caminos de la humanidad, los hombres del mundo se acuerdan de la esperanza como de una novia perdida que se ha vestido de blanco y celeste para enseñarles el camino de la felicidad".*

MISIONEROS DE PERON

Por eso es que nosotros, los peronistas, nunca debemos olvidarnos del pueblo; siempre debemos tener nuestro corazón más cerca de los humildes; más cerca de los compañeros; más cerca de los pobres, de los desposeídos, porque así habremos cumplido mejor con la doctrina del general Perón; *y para que no se olviden que los pobres, los humildes, las fuerzas del trabajo y nosotros mismos hemos prometido ser misioneros de Perón;* y serlo significa expandir su doctrina, no sólo dentro de nuestras fronteras, sino que debemos ofrecérsela al mundo como una esperanza de las reivindicaciones que tanto ambicionan las fuerzas del trabajo.

UNA ARGENTINA FELIZ Y PROSPERA

Además, nosotros, los argentinos, no lo olvidaremos jamás a Perón porque él nos ha dado este amanecer que está viviendo nuestra generación, que será el mediodía que vivirán las futuras generaciones gracias a la obra patriótica que está realizando en esta hora tan incierta de la humanidad, en que el mundo se debate en guerras, en odios y rencores; *nosotros, en cambio, silenciosamente, teniendo al frente a un hombre de los quilates del general Perón, estamos construyendo una Argentina feliz y próspera;* y lo estamos haciendo gracias a la obra de un hombre tan grande como lo es el general Perón y también gracias al pueblo que lo ha comprendido y lo ha apoyado contra todos los mercaderes y contra todos los traidores.

Que los comunistas más activos fueron siempre algunos intelectuales bien pagos en nuestro país, lo sabemos perfectamente. Fueron sobre todo universitarios.

Esos no han cambiado y siguen su prédica marxista, ahora disfrazada de pacifismo.

LA PAZ PERONISTA

Ya sabemos cuál es la paz comunista: expansión de su imperialismo a cualquier precio.

La paz peronista, es hacer lo que el pueblo quiere.

Y no hablemos de la paz capitalista, que todos conocemos; consiste en explotar a los hombres e imponerse, a pesar de los pueblos, en todas las naciones.

El panorama comunista de 1943 no era grave, pero tenía las condiciones necesarias para serlo en cualquier momento, ya que un pueblo explotado y desalentado es el mejor ambiente para el triunfo del comunismo.

Si sus dirigentes no hubiesen sido extranjeros, en su mayoría mercenarios de un imperialismo, tal vez hubiesen progresado más.

Es probable que de no haber presentado Perón al pueblo la solución justicialista, los trabajadores, por desesperación, hubiesen abandonado al socialismo, que ningún bien les había hecho hasta entonces, para transformarse en comunistas.

Los socialistas eran dirigentes abúlicos y abogados de empresas poderosas, y el pueblo, desesperado, se hubiese entregado al comunismo, que tampoco lo llevaría a la felicidad, sino a la destrucción, no sólo de los valores materiales del país, sino también de las fuerzas morales y espirituales.

APARECE PERON

¡Pero en aquel momento aparece Perón!

Las masas obreras lo siguen, porque anuncia la supresión de la explotación capitalista por la justicia social, porque al hablar de justicia social no lesiona sentimientos naturales del alma humana, como el comunismo; porque habla sinceramente y porque, más que comprometer, cumple.

No nos olvidemos de que las fuerzas trabajadoras del mundo

se han pasado siglos enteros escuchando, en todas las campañas preelectorales, promesas que al día siguiente de las elecciones se llevaba el viento. El general Perón jamás prometió nada; lo dio todo. Es por eso que en la campaña presidencial de 1945 el general Perón llevaba los puños llenos de verdades, de realizaciones.

El general Perón expresó al pueblo argentino lo que había realizado para hacer la felicidad y para llevar un poco más de luz a todos los hogares trabajadores de la Patria.

Perón cumple, han dicho los trabajadores con gran intuición, y eso era lo que el pueblo necesitaba.

Los dirigentes obreros se dividen en dos: los sinceros y los dirigentes a sueldo, que prefieren aliarse con la oligarquía.

A estos los conocemos nosotros y el pueblo. Mejor dicho, los conocemos nosotros, porque el pueblo los mata con el olvido y ya no los recuerda más.

"LA PRENSA", UN CANCER DEL CAPITALISMO

El general Perón ha vencido al capitalismo y al comunismo.

Ha vencido al capitalismo suprimiendo la oligarquía, combatiendo las fuerzas económicas, los Bemberg, los trusts.

A "La Prensa", que era un cáncer del capitalismo que teníamos nosotros, no la suprimió Perón, sino los canillitas y las fuerzas del trabajo.

Pero, ¿podrían los canillitas, que son los obreros más humildes del país, haber enfrentado con éxito a ese pulpo poderoso, mediante una huelga contra una empresa que contaba con tanto apoyo, especialmente de fuerzas extranjeras, si no existiera el Justicialismo y hubiera un gobierno que los deja discutir libremente y de igual a igual con los patrones? Antes... los pobres canillitas hubieran sido ametrallados, ahogando sus esperanzas.

LA LEY DEL EMBUDO

Perón también ha vencido al capitalismo interno, por la economía social, poniendo el capital al servicio de la economía, y no como antes, la economía al servicio del capital, que sólo daba a los obreros el derecho a morirse de hambre.

La ley del embudo, como se suele decir. Lo ancho para ellos y lo angosto para el pueblo.

Perón suprimió la acción imperialista.

Ahora tenemos independencia económica.

Bien sabe él todos los agravios que debió recibir por haber cometido el "crimen" de defender la Patria.

Algunos argentinos se alían con los extranjeros para difamarlo, porque el general Perón, por primera vez, hizo que las potencias extranjeras respetaran a la Argentina y la trataran de igual a igual.

El general Perón le quitó al comunismo las masas, por el mayor bienestar y la justicia, propiciando la creación de un sindicalismo justicialista, y sobre esto quiero decir dos palabras.

SINDICALISMO Y JUSTICIALISMO

El sindicalismo apoya al Justicialismo y a Perón, pero eso no significa que el sindicalismo se enrole en una acción política.

Simplemente sigue así una doctrina de justicia social, y su creador, Perón, ya está por encima de toda política, como lo dije en mi última clase, porque los sindicatos argentinos, al formar el sindicalismo justicialista, es decir, al encuadrarse dentro de la doctrina justicialista, están representando auténticamente a sus afiliados, porque lo que antes se discutía a balazos, hoy ya no se discute; se defienden las conquistas, que es muy distinto.

El sindicalismo justicialista, que está ensamblado dentro de la doctrina justicialista, y los sindicatos argentinos, al apoyar al general Perón, lo apoyan políticamente, pero no se enrolan en un partido político, no apoyan a un dirigente surgido de un partido político, porque otro Perón, como he dicho en mis clases anteriores, no vendrá a la Argentina, y por más que salgan imitadores a su paso, los imitadores siempre son desastrosos.

Perón hay uno solo, y las fuerzas del trabajo, al apoyar a Perón, apoyan al líder de los trabajadores argentinos y no a ningún partido político.

Perón es la Patria, Perón es trabajo y Perón es bienestar.

EL AMOR DE LOS TRABAJADORES

Es así como genialmente ha dicho el general Perón: el Justicialismo no puede vivir sin el sindicalismo, pero no le arriendo la ganancia al sindicalismo sin el Justicialismo.

Y tiene razón el General.

Los que más sufrirán en nuestro país el día que los argentinos tengamos la desgracia de no tenerlo más a Perón —porque realmente va a ser una desgracia no tenerlo a Perón, aunque él diga, con su extraordinaria bondad, que nos seguirá dirigiendo desde su casa— no serán los grandes, sino los pequeños, las fuerzas del trabajo, porque tras las serpentinas y los fuegos artificiales que harán los políticos que le suceden vendrán los desengaños y también las desilusiones.

Para comprender a los trabajadores, hay que amar profundamente a los humildes, y es. como si Dios, en su infinita bondad, hubiera querido darle a los argentinos a un hombre que lleva en su corazón todo el amor y toda la comprensión por los trabajadores.

El general Perón ha puesto la tolerancia ante la intolerancia.

Así es como yo he querido juzgar al general Perón. Tal vez como soy la más fervorosa peronista, he querido encontrarle algún defecto, y el único que le encontré ha sido su maravilloso y gran corazón.

Yo quisiera que a todos los hombres del mundo y a todos nosotros nos encontraran ese mismo defecto.

Perón, para mí, que lo he analizado profundamente, es perfecto.

Por eso, como yo creía que la perfección no se podía alcanzar dentro de lo terrenal, les digo que no hay ni habrá jamás un hombre como Perón.

CAPITULO VII

EL 17 DE OCTUBRE, PERON Y LOS DESCAMISADOS

En la clase anterior, al dejar de hablar sobre el significado del 17 de Octubre, anuncié que hoy volvería a ocuparme de ese 17 de Octubre tan caro en mis recuerdos y, en forma especial del "descamisado".

En estas clases, al hablar de nuestro movimiento peronista, no he querido pronunciar otro nombre que el del general Perón, porque entiendo que solamente el nombre del general Perón tiene ya una gloria que nada ni nadie podrá ensombrecer.

Por esa misma razón tampoco quiero hablar de mí.

Además, la historia del 17 de Octubre de 1945 es demasiado reciente. Viven todavía sus personajes, y quizás, al seguir sus pasos en aquellos días, podríamos llegar a descubrir que, en el fondo, muchos de aquellos hombres no supieron ser leales con los compromisos que habían contraído con Perón y con el pueblo.

NO SUPIERON SER HOMBRES

Digo que no supieron ser leales, lo cual equivale a decir que *no supieron ser hombres*.

Otros, los que quizá tuvieron brillante actuación el 17 de Octubre, después no supieron seguir tal vez la línea de conducta que entonces habían tomado, desviándose del buen camino.

Por eso, a pesar de ser la revolución un acontecimiento tan reciente, van apareciendo nuevos hombres en la lucha, mientras quedan atrás los que no tienen suficiente personalidad, los que no tienen el corazón suficientemente bien templado, los que no saben tomar la causa con desinterés, con renunciamiento de sí mismos y, sobre todo, los que no saben dejar de lado las ambiciones personales, para abrazar con honradez esta causa que es la causa de la Patria.

Ahora, yo quiero cumplir la promesa que formulé en la clase anterior.

Por eso no he de hablar de aquellos hechos de los que fui testigo.

Además, poco tendría que decir de mi misma, y sí mucho, en cambio, de aquellos de los que hablo siempre, de los que fueron protagonistas del 17 de Octubre, es decir, del pueblo y de Perón.

A ellos va mi homenaje, y el homenaje diario de todos los peronistas, en todos los momentos de nuestra diaria existencia.

ALGUNOS SENTIMIENTOS
DE MI CORAZON

Hoy me contentaré con referirles algunos de los sentimientos que experimentó mi corazón en aquellos días infinitamente largos.

Confieso que cuando tuve que salir al encuentro de la realidad, pensé en mucha gente cuyo recuerdo se agolpaba en ese momento en mi mente. Pero después, créanme sinceramente, comprendí que la *libertad no podía ser conquistada por nadie más que por el pueblo.*

Confieso que en aquella oportunidad quizá me interesase más la libertad de un corazón y la de una vida, que el triunfo de sus grandes ideales.

Tan pronto como empecé a llamar a las puertas de los pobres, de los humildes, de los desheredados, confieso que allí sí encontré corazones.

Por eso hoy puedo decir, con gran verdad, que conozco todo el muestrario de corazones del pueblo argentino.

LOS DIAS DE GRAN SOLEDAD

Cuando pedí una audiencia, por ejemplo, a fin de entrevistar a un alto funcionario, me la concedieron... ¡pero "para dentro de un mes"!

De algunas partes, lo confieso, tuve que salir llorando; pero no de amargura, sino de indignación.

Claro, ¿quién era yo en aquel momento, sino una débil mujer que había cometido el delito de creer en un coronel vencido y prisionero?

Por eso digo siempre que en aquellos días de mi gran soledad conocí todas las gamas de las almas humanas.

Por eso, también algunas veces he cometido lo que para algunos quizá parezca una herejía, al indignarme, mientras recibía en mi despacho a muchos peronistas, especialmente a los descamisados, a los desposeídos, contra aquellos peronistas de la primera hora que se han convencido de tener una personalidad que no tienen y que se creen superiores, cuando en realidad *no somos nosotros quienes hemos de creernos superiores,* sino que son los demás los que deben calificarnos.

OLVIDARON A LOS VERDADEROS PERONISTAS

Ellos, suponiendo que son importantes y personajes indispensables, han olvidado a los peronistas *"descamisados",* al pueblo, *al pueblo glorioso del 17 de Octubre,* que para salir a la calle no tuvo quien lo condujera, ni otro jefe que un coronel prisionero en Martín García, cuya libertad los impulsaba y los movía, porque su liberación era la liberación misma de sus descamisados.

Por eso yo siempre he defendido y seguiré defendiendo a los humildes, porque fueron ellos los que defendieron al General.

¡Nadie dio el toque de salida!

¡El pueblo salió solo!

No fue la señora de Perón.

Tampoco fue la Confederación General del Trabajo.

¡Fueron los obreros y los sindicatos todos los que por sí mismos salieron a la calle!

La Confederación General del Trabajo, la señora de Perón, todos nosotros lo deseábamos. ¡Pero fue una eclosión popular! *Fue el pueblo el que se dio cita sin que nadie se lo hubiese indicado.*

Por eso, cuando llegamos a una alta posición, *por más alto que estemos, nuestro corazón nunca debe dejar de estar con el pueblo, y siempre hemos de sentirnos humildes, porque desde nuestra humildad podemos construir grandes obras.*

QUERER SINCERAMENTE AL PUEBLO

Esto es muy importante para los peronistas.

Yo he sufrido una gran desilusión cuando he visto a hombres —no digo a mujeres, porque aún no les ha tocado actuar— que siendo de la primera hora se han sentido personajes y se han olvidado del pueblo.

Yo no llamo acordarse del pueblo a los que se acuerdan de él para utilizarlo políticamente, sino a los que quieren sinceramente a ese pueblo.

Yo, por ser una mujer del pueblo, creo tener cierta intuición popular y sé quiénes quieren honrada y lealmente a los descamisados y quiénes pretenden utilizarlos políticamente.

144

UNA ESPERANZA DE
LA REVOLUCION

Por eso he dicho siempre que *antes de ser una realidad, prefiero ser la esperanza de la revolución. Porque así seré la eterna vigía de la revolución.*

Y eterna *vigía de la revolución* es el título que aspiro a tener. Y para tenerlo hay que ganarlo.

Eterna vigía de la revolución es no tener amigos personales, porque los únicos amigos nuestros han de ser los amigos de la causa *y si un amigo de la causa tiene un momento de locura y se desvía, desde ese instante deja de ser amigo.*

Nosotros *no tenemos más amigos ni más compromisos que nuestra causa.* Es decir, que *no tenemos más bandera que la de nuestra causa, que es la bandera de la Patria y de Perón.*

Esa es la bandera que seguimos, y por ella somos capaces de hacer cualquier sacrificio y de renunciar a cualquier cosa.

AMIGA DE LOS QUE
QUIEREN A PERON

Yo soy y he tratado de ser siempre una buena amiga de los peronistas, pero también soy extraordinariamente celosa y vigilo en forma permanente el cariño de los peronistas hacia el Líder, hacia el General.

Es por eso que *soy amiga de los que quieren a Perón,* pero de los que lo quieren *con lealtad, con honradez, sin ambiciones, sin intereses mezquinos y bastardos.* Entonces sí soy amiga.

¡Guay del que no lo quiera así a Perón, porque desde ese momento perdió mi amistad, mi cariño, mi corazón y mi consecuencia!

DOS COSAS DISTINTAS QUE VAN A UN MISMO FIN

Yo llevo en mí un poco de *ese sentimiento permanente de indignación ante la injusticia.* El General, en cambio, se distingue por su amor por la justicia.

Parecen dos sentimientos distintos, pero en verdad conducen a un mismo fin.

Yo empecé a sentir en esa forma durante aquellos días en que a Perón no lo habían sentido y mucho menos interpretado los ricos, los poderosos; pero cuando ya lo interpretaban los de abajo, los pobres, los humildes, los explotados por la injusticia de los de arriba.

Mi sentimiento de indignación ante la injusticia ha sido muchas veces confundido por los oligarcas o por los contrarios de nuestra causa, quienes han dicho que yo soy una resentida social.

¿Por qué había de ser yo una resentida?

La vida me dio a mí todo lo que una mujer puede ambicionar. Pero yo no estaba satisfecha, es cierto, de mi vida.

Yo sentía la necesidad de hacer algo. Jamás estaba satisfecha con lo que era ni con lo que realizaba. Pero no era ni soy una resentida.

Lo que ocurre es que confunden mi sentimiento de indignación ante la injusticia, que es un sentimiento positivo, con resentimiento, que es un sentimiento completamente negativo, *propio de egoístas y estériles.*

ALLI ESTABA EL PUEBLO

Fui entonces, en aquellos días de Octubre, como les decía, hacia los humildes, y ahí sí encontré que Perón estaba en el alma del pueblo.

Cuando alguna vez ustedes quieran explicar lo que es el co-

146

razón de Evita, podrán decir que en él no hay más que tres amores: "¡La Patria, Perón y el Pueblo!".

Y ustedes están autorizados a decir que para Evita esos tres amores son uno solo, porque *sin el pueblo no lo tendríamos a Perón, sin Perón no tendríamos patria, y sin patria no valdría la pena vivir.*

LOS HUMILDES DEL 17 DE OCTUBRE

Los humildes, los del 17 de Octubre, ya han pasado a la historia con el nombre que, para despreciarlos, les puso la oligarquía: *descamisados.*

Descamisados fueron todos los que estuvieron en la Plaza de Mayo en aquel día memorable, material o espiritualmente mezclados con el pueblo sudoroso, reclamándolo a Perón y dispuestos a morir por Perón.

Hoy estoy convencida de que se han multiplicado los que están dispuestos a dar la vida por Perón, porque hoy somos más exigentes, porque hoy no aceptamos nada que no sea Perón.

Porque hoy el movimiento ya nos ha enseñado que Perón hay uno solo y que, por desgracia para los argentinos, pasará tal vez mucho tiempo antes de que haya alguien que pueda aproximarse a su grandeza.

OTRO SENTIMIENTO EN MI CORAZON

También en aquellos días empecé a tener otro sentimiento en mi corazón. ¡El gran sentimiento de *amor por los humildes,* que Perón ya me había enseñado a sentir!

Los pocos mensajes que recibí del coronel Perón en esos

147

días eran para pedirme que recomendara tranquilidad a los compañeros trabajadores.

Y yo empecé a pensar, entonces, que si Perón se olvidaba de mí, en cierto modo, para hablarme solamente de sus descamisados, que si los quería tanto a ellos, me daba una prueba de amor, tal vez la más grande que podía dar.

Quiero decir que si él me demostraba gran cariño por los descamisados, yo no podía menos que quererlo a él sirviendo con todo mi corazón a la causa de los descamisados.

Allí está *la gran explicación de mi vida*, y perdóneseme esta confidencial sentimental, que es sólo un anticipo de lo que explico en mi libro "La razón de mi vida", que estoy escribiendo más para hacer que lo comprendan a Perón que para hacerme perdonar mis defectos y mis errores.

AL SERVICIO DEL PUEBLO Y DE PERON

Pero lo cierto es que yo identifico en tal forma a Perón con el pueblo, que *ya no sé si sirvo al pueblo por amor a Perón, o si sirvo a Perón por amor al pueblo*.

Ustedes habrán advertido, en todas estas cosas que hoy les digo, dónde se encuentra la razón de mi propia vida.

Todas las creaciones peronistas tienen una sola razón: ¡Perón!

Por eso quiero hablarles ahora de los motivos que me indujeron a crear la Fundación, que también es una cuestión eminentemente peronista.

La Fundación tiene su más profunda razón de ser, precisamente, en lo que sucedió en aquellos días memorables de octubre de 1945. Tiene el sentido de mi gratitud hacia el pueblo descamisado, que me devolvió la vida al devolverme a Perón.

Por eso *mi vida ya no me pertenece*. Es del pueblo, que se ha ganado el derecho de que yo le ofrezca cada día de mi vida, en el esfuerzo permanente de hacer algo por su felicidad.

La Fundación es, además, una prueba de mi amor hacia el General.

El no vive más que para su pueblo. No piensa más que en su pueblo, y yo no podría decir que le tengo un inmenso cariño al General si no lo acompañase, de alguna manera, en su amor y en su sacrificio por esa causa, que es la causa de nuestro pueblo.

NADA UNE TANTO Á LOS HOMBRES COMO EL AMOR

Igualmente, la Fundación mantiene en el pueblo la unidad del *descamisado* que nació el 17 de Octubre.

Nada une tanto a los hombres como el amor. Y la Fundación es una obra de amor: amor de Perón por su pueblo ,amor de mi corazón por Perón y por su pueblo. Es decir, una obra de amor del pueblo para el mismo pueblo.

Además, la Fundación tiene algo de profundo sentido de reparación de la injusticia.

Por eso yo no tengo ningún escrúpulo en hacer las obras que construye la Fundación, inclusive con lujo. Tal vez podría cumplir igualmente mi misión con menos arte y menos mármoles, pero yo pienso que para reparar el alma de los niños, de los ancianos y de los humildes el siglo de humillaciones en que vivieron, sometidos por la oligarquía fría y sórdida, es necesario traer algo de arte, de mármoles y de lujo; es decir, pasarse, si se quiere, un poquito al otro extremo en beneficio del pueblo y de los humildes.

LOS HIJOS DE NUESTROS OBREROS

Porque yo pretendo, al menos, que ningún hijo de oligarca, aun cuando vaya al mejor colegio y pague lo que pague, sea mejor atendido ni con más cariño que los hijos de nuestros obreros en los hogares escuelas de la Fundación.

Por eso, también, ningún oligarca, por más dinero que pague, podrá ser mejor atendido en ningún sanatorio del país, ni tendrá más comodidad ni más cariño que los enfermos del Policlínico de la Fundación.

La razón de mi actitud es muy sencilla: *¡Hay que reparar un siglo de injusticia!*

Y la explicación es muy clara. Nace de un viejo sentimiento que llevo en el corazón desde la infancia y que es mi *sentimiento de indignación ante la injusticia*, que muchos han confundido, como ya dije anteriormente, creyéndome una resentida social.

Y yo pienso:

¡Benditas todas las resentidas sociales que se dieran a la tarea de trabajar para construir una humanidad más feliz y llevar un poco más de felicidad a todos los hogares de la Patria!

RAZON FUNDAMENTAL Y EXPLICACION ESENCIAL

Pero yo creo que nada de todo esto sería posible sin Perón. Porque Perón es la razón fundamental y la explicación esencial de toda obra peronista.

No se olviden de que las glorias y los triunfos son siempre de Perón, porque si no fuese por él no seríamos nada, absolutamente nada.

¡Desgraciados de aquellos peronistas que creen que pueden ser algo sin la luz del general Perón!

¡Ninguno de nosotros tiene luz propia!

Solamente los fracasos son nuestros, porque Perón triunfa siempre. El, como los héroes legendarios, es hijo de las victorias.

Nosotros, desgraciadamente, cometemos muchos errores, unos de buena fe y otros inconscientemente. Nosotros tenemos que enfrentar detractores, traidores y ambiciosos que hacen mucho daño, y lo peor es que también lo hacen a sabiendas. Por eso,

150

el atribuirle todas las glorias a Perón, no es colocarse en posición de falsa humildad, sino reconocer la verdad, la absoluta verdad.

Nosotros, los peronistas, creemos ser superiores a nuestros adversarios en eso. Porque nosotros, los peronistas honrados y leales, reconocemos la superioridad de Perón.

Decía Carlyle que "todos amamos a los grandes hombres, los amamos y nos prosternamos humildemente ante ellos, porque eso es lo que más dignamente humilla".

Debemos humillarnos ante Perón, amándolo como conductor, como maestro y como autor único de todas las glorias de nuestra historia del peronismo.

LOS MERITOS SON DE PERON

Si la Fundación tiene algún mérito, ese mérito no es de nadie más que de Perón; si un peronista tiene un mérito, ese mérito no es de él, sino de Perón. Y todas las glorias de nuestro movimiento son de Perón y de nadie más.

Esa humillación es la única compatible con la dignidad de un peronista. Porque *el verdadero hombre siente su propia superioridad cuando reverencia a aquello que realmente lo supera.*

Por eso nosotros debemos pensar, dando un ejemplo quizá muy poco poético y literario, que en este ferrocarril no hay más que una sola locomotora, que es Perón.

Los demás son vagones; algunos de carga y en bastante mal estado.

¡Y cómo será de grande Perón, que lleva toda esa carga!

Esa carga no debe pensar nunca que puede hacer algo, y que los vagones puedan convertirse en locomotoras.

No será nunca nada, porque *aquí nadie tiene luz propia.*

Es por eso que nosotros nos inclinamos humildemente ante la responsabilidad extraordinaria del líder de la nacionalidad, que es el general Perón.

En la próxima clase volveré a ocuparme de este mismo tema, en forma más extensa, para hablarles de la historia del peronismo en la historia nacional.

Y entonces trataré de probarles, una vez más, que no se puede hablar de la historia argentina sin hablar de Perón, porque eso equivaldría a decir una verdad sólo a medias.

CAPITULO VIII

LOS ACTORES DEL PERONISMO

En la clase de hoy vamos a hablar del 17 de Octubre.

Como recordarán, en nuestras primeras clases habíamos estudiado a los actores del peronismo: Perón y su pueblo.

Pero no nos conformaremos con estudiarlos a ellos aisladamente, sino que hemos tratado de mirarlos a través de las perspectivas de la historia universal y de todos los personajes que han tenido una actuación preponderante en las revoluciones que significaron algo para la humanidad.

De allí hemos deducido que tenemos un conductor poseedor de todas las virtudes que en la historia han tenido los demás.

Yo creo que el general Perón, entre todos los genios de la humanidad, no tiene defectos.

Anteriormente les dije que el defecto que yo encontraba en Perón era su gran corazón, y ¡benditos sean los defectos como ese!

PARA SALVAR AL MUNDO

Parece que Dios, para salvar al mundo de su crisis más difícil, hubiese considerado que era necesario poner en una sola alma —la de nuestro Conductor— todas las virtudes que antes, de a una virtud por cada genio, bastaban para salvar un siglo.

También tenemos un pueblo magnífico. En esto no podemos ni debemos ser tan excluyentes con nuestro líder.

Si en materia de conductores afirmamos que no nacen más que uno por siglo, y por lo tanto no hay más que un Perón en este siglo, en materia de pueblos, si bien es cierto que hay pueblos más o menos dignos de un destino mejor, nosotros, los justicialistas, aceptamos y sostenemos que todos los pueblos del mundo son magníficos.

Los pueblos que tienen sus errores son aquellos que, para desgracia de ellos mismos, son manejados, en sus destinos, por gente que no ausculta ni interpreta ni se interesa por los problemas morales, materiales y espirituales de los pueblos.

POR QUE AMAMOS A LOS PUEBLOS

¿Por qué tenemos los justicialistas tan fervorosa admiración, respeto y cariño por los pueblos, cualquiera sea su raza, su credo, su bandera?

Por varias razones, todas muy sencillas: porque los pueblos tienen el sentido innato de la justicia.

Por eso Perón sostiene que, para suprimir las guerras injustas, los gobiernos deben consultar a sus pueblos.

Si se consultase al pueblo no habría guerras porque casi todas son injustas.

Nosotros, los justicialistas, no estamos en contra de las guerras cuando se pelea por la justicia. Pero, desgraciadamente, en este mundo muy poco o nada se ha peleado por la justicia.

Se ha peleado siempre por intereses económicos, y muchas veces por imperialismos que son ajenos a nosotros, ya que solamente nos interesa la justicia de los pueblos.

Los pueblos llevan en sí mismos, todos sin excepción, sentimientos de generosidad, de amor, de altruismo, de solidaridad. De ahí el éxito que tienen, en los pueblos, las doctrinas generosas.

UNA DOCTRINA
COSTRUCTIVA

Las doctrinas triunfan, en este mundo, según la dosis de amor que lleven infundida en su espíritu. *Por eso triunfará el Justicialismo, que empieza afirmando que es una doctrina de amor y que termina diciendo que el amor es lo único que construye.*

Cuanto más grande sea la doctrina, más se la niega, más se la combate. Por eso nosotros, los justicialistas, debemos sentirnos orgullosos de saber que los incapaces, los vendepatrias, los venales, los que no están con los intereses patrióticos, la combaten desde adentro y desde afuera.

Muy grande ha de ser nuestra doctrina cuando se la teme, se la combate y se la trata de destruir así.

LAS MUJERES EN
EL PERONISMO

De allí el valor de las mujeres en el Movimiento Peronista, que será cada vez menos político, menos frío y más generoso, más humano y más justicialista.

Yo quisiera que las mujeres escucharan siempre estas palabras mías y dejaran de lado los intereses mezquinos, subalternos y materiales, para ennoblecer con su aporte el movimiento político.

No he de menospreciar al hombre, porque él trae su inteligencia y nosotras el corazón, ya que paralelamente, con inteligencia y corazón, podremos colaborar como lo estamos haciendo, apoyando al general Perón para construir una patria más feliz, más justa y más soberana. Y también podemos dar al mundo el espectáculo magnífico de que, hombres y mujeres luchando paralelamente por ideales comunes, aportando inteligencia y corazón, se muestren capaces de construir una humanidad más feliz.

POR QUE HABLO
SIEMPRE DE PERON

Muchas veces me han oído hablar de Perón en estas clases. Yo sé que he tenido que hacer sufrir al General en su humildad, diciendo en su presencia cosas que dirán de él cien generaciones de argentinos, bendiciendo su nombre.

Me he anticipado a la historia, nada más, y he interpretado a nuestro gran pueblo argentino, a los humildes.

He llegado a decir que Perón es el compendio maravilloso de las mejores y más altas virtudes que han adornado el alma de todos los genios que ha tenido la humanidad.

Tal vez alguien haya pensado que eran exageraciones, producto de mi fanatismo —y eso entre nosotros—, porque los de afuera dirán que estoy a punto de perder el equilibrio, o que estoy completamente desequilibrada. Si el sabio no aprueba, malo; pero si el necio aprueba, peor. Así es que, cuanto más me combaten o nos combaten, más seguro estamos de ir por la senda del bien y caminando hacia un futuro mejor.

EL FANATISMO POR
LAS GRANDES CAUSAS

A mí me interesa lo que pueda pensar algún peronista: nada más. Y quiero darles una·explicación, una humilde explicación, aunque creo que todos los peronistas coinciden totalmente conmigo, o tal vez yo no interprete todo el fuego sagrado que llevan ellos en su corazón hacia el general Perón.

Nosotros pensamos que los peronistas somos fanáticos porque la causa del general Perón es grande, y muchas veces he dicho que solamente las grandes causas pueden tener fanáticos, porque de otro modo no existirían santos ni héroes.

En primer lugar, ningún peronista tiene derecho de creer que no estoy convencida de lo que digo con respecto a Perón.

Si no estuviese convencida, no sólo no lo diría, sino que no perdería el tiempo trabajando día y noche por una causa en la que no estuviese plenamente convencida.

PERON ES MI LUZ

Por otra parte, el tiempo dirá que no di un solo paso ni realicé un solo sacrificio por mí. Por eso apelo a la historia, que es el mejor crítico a quien podemos apelar. *Todo lo que hice, lo hice únicamente por Perón y por nuestro pueblo. Unicamente por ellos.*

Yo he dicho que Perón es mi luz, mi cielo, que es el aire, que es mi vida. Pero no solamente lo he dicho; he procedido como si así fuese.

Por eso nadie puede dudar de que Perón sea para mí todo lo que afirmo.

Pero todavía hay más. Me habría bastado decirlo una sola vez, o dos o tres veces. Pero, ¿por qué lo digo todos los días, sesenta veces por hora, sesenta veces por minuto, en cada segundo y en cada minuto, a cualquiera que quiera oírme y a los que no me quieren oír también?

Sobre todo, se lo digo a los peronistas, y en particular a ustedes, que se están formando en esta Escuela Superior para ser los apóstoles de Perón.

LA RESPONSABILIDAD
DEL PERONISTA

Yo tengo una razón fundamental, que quiero que ustedes comprendan. Perón ha conquistado una gloria que será eterna, y él, en su generosidad magnífica y maravillosa, la ha puesto en nuestras manos, dándonos su nombre: por eso nos llamamos peronistas.

Ser peronista no es solamente una dignidad superior. Es tener la responsabilidad de un hombre que ya tiene para sí toda la gloria de un hombre que ha salvado a su pueblo, que lo ha hecho libre, justo y soberano, y que ha creado una doctrina que abre horizontes y esperanzas a una humanidad sufrida y desalentada.

Es la historia del nombre de Perón lo que debe pesar sobre nuestra conducta de peronistas.

Yo pienso algunas veces que los peronistas no nos damos cuenta de la responsabilidad enorme que tenemos, al llevar el nombre ilustre del general Perón; que ni todos nosotros, por más mal que nos portásemos, podríamos ensombrecer su gloria. Pero sí podríamos ensombrecernos nosotros mismos, porque nuestros hijos y nuestros nietos dirían que no fuimos dignos de un líder como el general Perón.

Y, como digo, aunque nuestros errores y pecados de peronistas no restarán nada a la gloria misma de Perón, tenemos, no obstante, la inmensa responsabilidad de conducirla intacta, pura y limpia, hacia el porvenir, para que la historia la aprecie en su justo valor, o sea en su maravillosa y magnífica grandeza genial y sobrehumana.

Hace pocos momentos hemos escuchado al General en una disertación que, además de ser sobre Conducción, fue una alocución patriótica de un hombre que lleva sobre sus espaldas la enorme responsabilidad de conducirnos, no sólo a un destino feliz en lo material, sino también en lo espiritual, y en lo más sagrado que hay para todos los argentinos: a la soberanía de nuestra patria.

EL IDEAL DEL
GENERAL PERON

No seríamos soberanos, no seríamos económicamente libres, ni un país socialmente justo, si no cuidásemos lo que Perón nos dio y que nosotros debemos mantener por ser un pueblo digno.

Porque la grandeza y la soberanía de la Nación únicamente las pueden crear y mantener los pueblos dignos.

Nuestro pueblo lo es, y nosotros los peronistas también lo somos, porque estamos del lado de la luz y de la verdad, porque no actuamos en la sombra ni en la antipatria en que, por desgracia, están todavía algunos argentinos.

Nosotros no somos venales; no nos vendemos por cuatro monedas a los intereses foráneos.

Nosotros somos los que vamos a dejar el alma y la vida para defender el ideal del general Perón, que no es la soberanía tan declamada en todos los tiempos para engañar al pueblo, sino una soberanía practicada con honradez y con lealtad.

SIN EL SACRIFICIO DE LOS ARGENTINOS

Para hacer efectiva esa soberanía, el general Perón jamás ha pedido, hasta el presente, un sacrificio a ningún argentino, pero los argentinos tenemos la obligación de dar la vida por esa soberanía en cualquier momento.

Nosotros los peronistas —y en eso creo interpretar al pueblo argentino— somos una gran familia.

Una vez le hemos demostrado al general Perón que somos capaces de dar la vida por él.

Fue el 17 de Octubre.

En esta época de bonanza que nos ha dado el general Perón, como si fuese nuestro padre, sin que nosotros lo soñásemos, brindándonos tantos beneficios en lo material como en lo espiritual y en lo moral, no hemos sacrificado ninguna cuestión personal en beneficio del movimiento. Eso lo realiza el tiempo; el desplazamiento de los ambiciosos, que va produciéndose.

LEALTAD PRACTICADA

Le decía yo el otro día a un grupo de amigos que me hablaban sobre ciertas humildes cuestiones mías que soy amiga íntima de todos los peronistas, y que un peronista puede escalar una posición importantísima y ser una esperanza.

Pero tengo un camino: no la lealtad declarada, sino la lealtad practicada para colaborar con el líder de la nacionalidad, pero no para utilizarlo como trampolín.

El que se desvíe recibirá el mismo pago con que paga el pueblo: el olvido y el desprecio que se puede tener hacia los hombres que, habiendo sido puestos en el camino del bien, se van por el camino de la ambición y de los intereses bastardos.

Para nosotros, los peronistas, no debe haber más amigos que los amigos de Perón.

Cuando un amigo nuestro no interpreta bien la doctrina, debe decírsele: "Camine por el otro lado, que me compromete. Allá usted con su suerte, que yo sigo con la mía. Usted dirá que soy un lírico, pero yo prefiero ser un lírico a ser un traidor".

Por lo tanto, es necesario que todos los peronistas no nos hagamos ilusiones más que con el General, y que mantengamos esta opinión: del General para abajo todos somos iguales, y estamos a una distancia sideral de él.

UN PUEBLO DIGNO Y UN
MOVIMIENTO MARAVILLOSO

Y así seremos lo que debemos ser: un pueblo digno y un movimiento maravilloso, como lo quiere nuestra masa y como nosotros tenemos la obligación de ser: misioneros, nó sólo en la palabra, sino también en la acción, honrados, desinteresados hasta el renunciamiento. Misioneros del general Perón ante el pueblo, para ayudarlo, no solamente en lo material, es decir, en lo numérico, sino también para ayudarlo en lo moral.

Los grandes hombres tienen una sensibilidad extraordinaria, y como ellos están concentrados en la empresa grande, les duele, les duele y les rompe el corazón que haya hombres que se desvíen y que no sepan interpretar la divisa de la Patria y del pueblo.

LA INTERVENCION DE LAS MUJERES

Claro está que al decir hombres hablo también de las mujeres.

Aunque a nosotras no nos ha tocado aún actuar, y no hemos tenido todavía mujeres que se hayan desviado, es necesario que tengamos mucho cuidado, porque ello sería menos perdonable en nosotras, ya que hemos tenido el ejemplo de los hombres para poder aprender.

Por lo tanto, nosotras nos equivocaríamos a sabiendas, y eso no tendría perdón de Dios.

No debemos amargar el alma del Líder; no debemos amargar al hombre que está trabajando y tejiendo la felicidad y la grandeza de la Patria; hay que dejarlo marchar feliz y contento.

Para nosotros, Perón debe ser una bandera, y a las banderas se las sigue hasta la muerte, o no se las sigue.

Perón debe ser para nosotros algo intocable.

Hasta el general Perón no deben llegar miserias; no deben llegar egoísmos. Hasta el general Perón no sólo no pueden llegar esas cosas, que son demasiado subalternas y miserables, sino que tampoco deben llegarle preocupaciones, porque mientras más tranquila mantengamos al alma del Líder, más bien hacemos, no para nosotras, que nada somos en este momento, sino para la Patria, que lo necesita.

PERON, CAUSA DIRECTA
DEL JUSTICIALISMO

En nuestras clases anteriores habíamos analizado las causas del Justicialismo. Es decir, al capitalismo, como causa del comunismo, y a ambos como causa indirecta del Justicialismo. Digo causa indirecta porque la causa directa del Justicialismo es Perón, únicamente Perón.

Si en el mundo no hubiera existido el capitalismo y el comunismo, Perón lo mismo sería justicialista, porque él nos ha enseñado que el conductor debe tener el sentido innato de la justicia, y él es el conductor por excelencia.

De manera que cuando hablamos de las causas que provocaron la aparición del peronismo en el mundo, y nos referimos al comunismo y al capitalismo, se entiende que los aludimos solamente como a causas indirectas.

Resulta, más o menos, como si dijésemos que la causa del día es la noche. Esto puede aceptarse como una causa indirecta, ya que si no hubiese noche no podríamos apreciar la luz del día.

Pero la verdadera causa del día es el sol, y por eso la causa del peronismo es Perón, que ilumina como un sol este magnífico y brillante mediodía de los argentinos.

Los argentinos tenemos la responsabilidad de jugarnos la vida por Perón, porque si Perón no llegase a conducir los destinos de la Nación, quedaríamos en una plena medianoche, sin llegar jamás al mediodía que los argentinos tenemos la obligación de alcanzar, y que no podemos alcanzar sin Perón.

EL ESCENARIO DONDE
NACIO EL PERONISMO

También en las clases anteriores hemos estudiado el escenario donde nació el peronismo, o sea el momento histórico en que sur-

162

gió a la vida, en medio de un mundo que se debate en la lucha más inhumana y cruel de todos los tiempos.

Ahora nos toca hacer el análisis de los hechos históricos del peronismo, a través de sus pocos años de existencia, que son de una fecundidad tan extraordinaria, que ya han recorrido todos los caminos de la humanidad.

Pero antes quiero hacer una breve aclaración.

Creo que, más que hacer un relato de los acontecimientos de la historia peronista, debería limitarme, simplemente, a dar una explicación de los hechos fundamentales.

FECHAS DEL PERONISMO

Relatar la historia sería dar fechas y nombres. Las fechas son muy pocas: 27 de noviembre de 1943, creación de la Secretaría de Trabajo y Previsión; 17 de octubre de 1945; 24 de febrero de 1946; 1º de marzo de 1947, día de la nacionalización de los ferrocarriles, ese filón de la Independencia Económica; 11 de marzo de 1949, sanción de la Constitución Justicialista; 1º de Mayo, día de los trabajadores, día de la victoria del pueblo y de Perón unidos en un solo corazón, y 8 de octubre de 1895, momento en que nace a la faz del mundo el más grande genio que haya tenido la Nación.

Esta última es la fecha inicial del peronismo, el 8 de octubre de 1895, en que nace a la faz del mundo el genio más puro que tuvo la Argentina.

LOS NOMBRES
DEL PERONISMO

Si las fechas son pocas, menos aún son los nombres que yo podría citar en la historia de nuestro movimiento.

Yo no podría citar más que dos nombres: el de Perón y el del Pueblo.

La gloria de Perón es irreversible. Es decir, que ni el mismo Perón podría disminuirla, aunque se lo propusiera.

Pero no podemos decir lo mismo de quienes van con él en esta etapa histórica.

A Perón podemos anticiparle un lugar primerísimo no sólo en la creación de la historia peronista, sino en lo más alto de la historia argentina.

En la historia peronista iremos escribiendo otros nombres, pero tan por debajo del nombre de Perón, que recién podrán escribirlos cuando nosotros hayamos desaparecido.

Eso nos lo dice la experiencia de cinco años, para que no cometamos el error de escribirlos prematuramente.

¿Por qué ocurre esto?

Porque un hombre hace una etapa magnífica durante dos o tres años, y después se pierde y resulta un malvado o un sinvergüenza.

Entonces, aunque nosotros escribamos el nombre de ese peronista, la historia, con su juicio inexorable, no lo va a escribir.

EL NOMBRE UNICO
PARA LA HISTORIA

Nosotros sabemos, por lo tanto, que el único nombre que se va a escribir en la historia es el magnífico nombre de Perón.

Los demás sólo lograrán que se inscriban cuando hayamos muerto, si es que durante esa trayectoria hemos sido honrados, leales, justos, disciplinados, capaces del sacrificio y el renunciamiento.

Por encima de todo hemos de tener tres cosas sagradas: la Patria, el Pueblo y Perón.

Los nombres de algunos de nosotros que entren en la historia no serán los de quienes se habla ahora; serán los de quienes mantengan una línea de conducta en toda la trayectoria de su vida. Eso no se hace con propaganda. Se hace con hechos. Por eso sólo podremos saber dentro de mucho tiempo quiénes serán los que tengan ese privilegio de quedar en la historia. Por el momento, pues, el único que entra en la historia es Perón.

EL SIGNIFICADO DEL 17 DE OCTUBRE

Como dispongo de poco tiempo, y como tampoco quiero abusar de ustedes, voy a darles el significado del 17 de Octubre en una síntesis muy apretada, ya que para hablar del 17 de Octubre tendríamos que emplear días enteros.

Yo sé lo que fue y lo que es el 17 de Octubre para nosotros, porque lo he vivido en las calles, en las fábricas y en los hogares de muchos humildes descamisados.

He de referirme hoy a la fecha más querida para nosotros; la más querida, indudablemente, para todos los peronistas. A tal punto lo es, que si alguno, diciéndose peronista, sostuviera que, después del día del nacimiento del General, hay otra fecha más grande que el 17 de Octubre, nosotros tendríamos que considerar que ése no es tan peronista como dice.

El 17 de Octubre puede ser analizado como episodio y en su significación.

Como valor histórico, tiene valor en sí mismo, por sus consecuencias.

En sí mismo, el 17 de Octubre es algo excepcional, que no se ha dado en la historia de la humanidad. Yo creo que en ningún momento de la humanidad.

Yo no niego que haya habido otros movimientos populares de tanta magnitud como el que realizó el pueblo argentino el 17 de octubre de 1945 pero nuestro movimiento los superó a todos en dos cosas: fue un movimiento pacífico y aun fue alegre.

165

SEGURIDAD Y ESPERANZA

Porque el pueblo llevaba una gran esperanza y tenía una gran seguridad. Porque habrían tenido que pasar por encima de los cadáveres del pueblo si no volvía el Coronel, ya que no volverían a su casa sin conseguirlo.

Por lo tanto, estaban seguros de que iban a triunfar en su empresa, y en eso residió su alegría. Es decir, que tenían la alegría del triunfo presentido.

Y fue un movimiento de gratitud hacia un hombre aparentemente vencido.

Hagan ustedes un recorrido fugaz por todos los episodios extraordinarios.

¿Qué pueblo ha salido a defender a un hombre vencido?

Ninguno.

¡Solamente el pueblo argentino!

¡Vean ustedes si habrá sido y será grande Perón!

Cuando él estaba aparentemente vencido, el pueblo salió a la calle con su bandera.

Porque en ese momento, al decir Perón, decían Patria.

Ningún movimiento de tanta magnitud y trascendencia —una trascendencia que abarca ya más de seis años— se ha hecho en la historia, sin derramamientos de sangre, como el 17 de Octubre.

Hemos recordado ya la revolución rusa y la Revolución Francesa.

Ambas no fueron más que muerte y destrucción de valores no sólo materiales, sino también humanos.

Fueron muertos los mejores hombres, y hubo como ya he dicho, innumerables víctimas, sin que en momento alguno llegasen a ser movimientos de multitudes tan grandiosos como el nuestro.

LA GRANDEZA DEL PUEBLO ARGENTINO

El 17 de Octubre nos probó la grandeza del pueblo argentino, pues él no se jugó por sí mismo, sino por su líder.

¿Por qué no se jugó por sí mismo?

Porque si lo hubiese hecho habría pedido el gobierno para Perón, para que su esperanza se cristalizara.

Salió como sale el pueblo, que es hidalgo, generoso, altruista, maravilloso, a buscar la libertad de un hombre que le había dado luz y que le había devuelto la esperanza.

¡El líder de un pueblo tan maravilloso no podía ser menos maravilloso!

Y allí está la grandeza de Perón, que en esos momentos habría podido apoderarse del gobierno, y que prefirió hacerlo por la voluntad libre y democrática de su pueblo, porque en esa forma cumpliría con sus esperanzas y nadie podría decir jamás que él ambicionaba algo.

UN CAMINO DE SACRIFICIOS Y SINSABORES

Para Perón, el camino del gobierno no ha sido más que un camino de sacrificios, de sinsabores, y ha ido dejando jirones de su vida, no de su bandera, en un sacrificio constante para formar una Argentina socialmente justa, económicamente libre y políticamente soberana.

Lo ha hecho contra la incomprensión de los de afuera y, lo que no esperábamos, también contra los de adentro, lo cual constituye una traición, que es lo que más amarga: ver que en este momento crucial para la humanidad haya argentinos tan descastados, tan degenerados, que por el ansia de poder quieran crucificar al hombre más grande que ha tenido la Argentina.

LO MAS PURO QUE
TENEMOS LOS ARGENTINOS

Pensamos que a Cristo, que no era terrenal, lo crucificaron. ¿Qué va a ser del general Perón, que es terrenal, aunque tiene tanto de sublime y de genial en su obra?

¡Bendito sea el Justicialismo si por él se está cometiendo el crimen de amargar y de difamar a lo más puro que tenemos hoy los argentinos: al general Perón!

Eso demuestra que muchos van a la cruz por hacer el bien, ya sea material o moralmente.

EL PUEBLO TIENE
CONCIENCIA DE SU VALER

El movimiento popular de los descamisados del 17 de Octubre no es grande sólo por sí mismo, sino también por sus consecuencias.

Desde ese día el pueblo tiene conciencia de su valer y de su fuerza.

Sabe que él puede imponer su voluntad soberana en cualquier momento, siempre que mantenga organizados los cuadros de sus agrupaciones sindicales. Porque ésa es la única fuerza con que el pueblo argentino podrá mantener su soberanía frente a cualquier eventualidad.

EL SINDICALISMO
Y LA POLITICA

Desgraciadamente, en los cuadros políticos no tenemos la misma fuerza que en los cuadros sindicales.

Frente a la antipatria, los obreros pueden paralizar el país. Ellos pueden decir: "Hasta que se vayan, no hay luz ni hay nada". ¿Y qué van a hacer entonces? La antipatria tiene que ceder.

Por eso, lo fundamental es que se mantengan organizados los cuadros sindicales, porque de ese modo podemos tener una seguridad —la única, por cierto— de respaldar cualquier acción contra la antipatria, como respaldaron la del 17 de Octubre.

Desde entonces, gracias al sindicalismo, gracias al pueblo argentino, estamos viviendo esta aurora de felicidad y de grandeza.

HAY QUE HACER JUSTICIA

Hay que hacer justicia con esta apreciación, porque de otro modo no seríamos justicialistas.

Por eso quiero rendir, en esta clase, mi más ferviente homenaje a los trabajadores de la Patria, a todas las mujeres y a todos los hombres de buena voluntad, que adhirieron a las columnas del pueblo que constituyeron el ejército de nacionalidad, y que dieron a muchos una lección que nosotros comprendemos, y que no importa que haya algunos que no quieran comprender.

Debo, pues, hacer honor a la verdad.

Siempre he dicho la verdad, aunque con ello no me conquiste muchas simpatías, porque la verdad, aunque duela, hay que decirla.

ESA COLUMNA
MARAVILLOSA

Yo viví esa realidad como una más, porque, no vamos a engañarnos si no hubiese sido por las fuerzas sindicales y por el pueblo argentino, no habríamos podido hacer nada por el general Perón sino debatirnos en la impotencia.

Pero como una más en esa columna maravillosa de pueblo, ese día juré pagar mi deuda de gratitud hacia el pueblo argentino, siguiendo con los humildes de la Patria, para trabajar incesantemente por su felicidad y por su grandeza.

No sé si habré logrado mi propósito, pero en todo caso estoy satisfecha, lo confieso, con todo lo que he hecho, porque puedo decir que no me he desviado del camino del General, que es el camino del pueblo y el de los trabajadores.

LOS ESTANDARTES SINDICALES

Por eso, haciendo un poco de historia, debo decir que aquel día el pueblo argentino no se agrupó alrededor de ninguna bandera política.

Aquel día, los estandartes fueron sindicales, como deben recordarlo ustedes, que, al igual que yo estaban en la calle.

Nuestro partido no había nacido, por desgracia, y los peronistas estábamos allí con estandartes sindicales.

Pero otros que tuvieron la oportunidad maravillosa de estar de pie y dar su "presente" a la patria, no estuvieron.

Eso no interesa: lo que interesa es que el pueblo estuvo presente.

Desde aquel día, Perón y su pueblo son inseparables. Recuerden ustedes las palabras de Perón.

Yo voy a recordarles algunas frases.

Dijo el general Perón, entre otras cosas:

"Que sepan hoy los indignos, farsantes, que este pueblo no traiciona a quien no lo engaña."

Y al final dijo otra cosa que yo quiero recordársela al General, porque ese discurso del 17 de Octubre es, para nosotros, una declaración al pueblo argentino que le recordaremos al General en el preciso momento.

Y yo me voy a anticipar a ello. Entre otras cosas, dijo el coronel Perón:

"Necesito un descanso para reponer mis fuerzas y volver a

luchar codo a codo con ustedes, hasta quedar exhausto. Si es preciso, hasta dar la vida."

Aquella noche quedó sellada la unidad del pueblo con Perón; unidad que ya había nacido en la Secretaría de Trabajo y Previsión.

El día 17 de Octubre, el pueblo argentino volvió por primera vez a la Plaza de Mayo, de 1810, y como en 1810 quiso saber de qué se trataba; pero, como en 1810, ya llevaba su decisión soberana para hacerla respetar.

EL PUEBLO INMORTAL

El mismo Coronel lo recordó en sus palabras de aquella noche histórica diciendo:

"Este es el pueblo. Este es el pueblo que representa el dolor de la madre tierra, al que hemos de reivindicar. Es el pueblo de la Patria, el mismo que en la histórica plaza pidió frente al Cabildo, que se respetasen su voluntad y su derecho. Es el mismo pueblo que ha de ser inmortal por que no habrá perfidia ni maldad humanas que puedan contaminar a esta masa grandiosa en sentimientos y en números". Eso dijo el coronel Perón.

LA NACION GRANDE
E INMORTAL

Recordé recién que el 17 de Octubre dio al pueblo conciencia de su valer y de su fuerza. El mismo Coronel dijo aquella noche, y perdonen que traiga estos recuerdos, que para mí son sagrados:

"Desde hoy sentiré un verdadero orgullo de argentino, porque interpreto este movimiento colectivo como el renacimiento de una conciencia de los trabajadores, que es lo único que puede hacer grande e inmortal a la Nación".

171

Eso dijo el coronel Perón una noche, después de seis días de prisión, fatigado y enfermo, y con una profunda emoción en su alma. Eso es lo que lo ha mantenido en sus seis años de gobierno; la unidad de todos los argentinos, de todos los trabajadores, que él ha proclamado y por la cual lucha.

Nosotros estamos con él en ese camino; la escoria ha quedado a un lado.

Nosotros seguimos tras un estandarte y una divisa: la Patria, el Pueblo y Perón.

UNA LECCION DE GENEROSIDAD

Ya que hemos estado comentando las palabras de Perón, recuerden una cosa importante: cómo supo callar los nombres de quienes lo habían traicionado, dándonos una magnífica lección de generosidad que solamente puede brotar de su espíritu de hombre superior y de genio.

Yo confieso que no me hubiera callado.

Yo empecé por decirles que después de Perón todos somos iguales y estamos a una distancia sideral de él. Nosotros, los que luchamos, tenemos que ser los guardaespaldas, los vigías del General.

HAY QUE SABER OLVIDAR

En esta oportunidad les dijo el Coronel:

"Les pido que no me pregunten ni me recuerden cuestiones que ya he olvidado, porque los hombres que no son capaces de olvidar no merecen ser queridos ni respetados por sus semejantes, y yo aspiro a ser querido por ustedes y no quiero empañar este acto con ningún mal recuerdo".

172

El Coronel no sabía que ya esa noche los argentinos le habían levantado un altar en el corazón, y que ese altar que le levantaron los argentinos es hoy más grande y más fuerte, porque Perón se agranda cada día más.

Desde aquel 17 de octubre de 1945, todo lo que ha sucedido en el país es una consecuencia de la unidad magnífica que el pueblo selló con Perón.

ALGO SUPERIOR LOS UNIA

La justicia social ha sido realizada totalmente, sigue en marcha y fue consolidada por la independencia económica y por la soberanía política.

La Nación es más grande y —¡qué maravilloso!— el pueblo es más feliz.

Todo lo que el pueblo esperaba de Perón aquella noche se ha cumplido con exceso. Y más aún: el pueblo argentino esperaba y no le pidió nada; Perón no le ofreció nada; y se comprendieron.

Se comprendieron porque había un algo superior que los unía. Y se encontraron porque se vieron con los ojos del alma, que son los únicos ojos que no nos hacen equivocar.

EL JUSTICIALISMO, SOLUCION DEL MUNDO

Pero el 17 de Octubre no es solamente trascendente por lo que desde entonces han hecho Perón y su pueblo.

Es trascendente por lo que ha de venir. No solamente porque el pueblo argentino tendrá en el porvenir un recuerdo emocionado del 17 de Octubre, sino porque Perón ha creado una doctrina que será universal, le pese a quien le pese.

El Justicialismo es hoy la solución del mundo, que ya no puede esperar nada del comunismo ni del capitalismo.

Cuando el mundo ve pasar hoy la bandera de los argentinos —decía yo hace días— se acuerda de la esperanza como de una novia perdida 'que ha vuelto vestida de blanco y celeste para enseñarle el camino de la felicidad.

Cuando el pueblo entero sea feliz, gracias al Justicialismo de Perón, festejará el 17 de Octubre como ahora festeja el 1º de Mayo, que fue una esperanza que trajo muy pocas realidades, por desgracia, a los queridos trabajadores de la humanidad.

UN MOMENTO DE ENORME RESPONSABILIDAD

¿Y qué nos ha traído a nosotros nuestro genial conductor? Yo debía hablar sobre el descamisado y sobre mis recuerdos del 17 de Octubre.

Pero para hacerlo más extensamente voy a dejar esto para la próxima clase.

Estos dos temas no los voy a tratar hoy, aunque habría querido tocarlos en esta clase.

Pienso que estamos viviendo un momento de enorme responsabilidad y de una trascendencia histórica de la que tal vez no nos demos cuenta.

Pero nosotros, que como pueblo tenemos una intuición extraordinaria, sabemos que la Argentina tiene que luchar, al propio tiempo que en su interior, en la esfera universal, y que lucha por algo en que están empeñadas todas las patrias: en engrandecer sus países.

CON PERON SEREMOS MAS FELICES

Nosotros sabemos —debemos saberlo— que con Perón seremos más felices; que con Perón consolidaremos la independencia económica; que con Perón consolidaremos la grandeza de la Nación y la felicidad de todos los argentinos, y que formaremos así un pueblo digno ante la faz de todo el mundo.

Y sabemos que gracias a Perón se han realizado estas tres maravillosas realidades.

El coronel Perón escribió un día en una carta que me enviaba, y he encontrado este mismo pensamiento en muchos de sus papeles.

"Yo siempre soñé con una patria socialmente justa, económicamente libre y políticamente soberana. Y por ella, por esa patria, he de quemar mi vida y he de entregar todos mis sacrificios y todos mis esfuerzos".

Yo propuse esta frase para que sirviera de pensamiento rector a los miembros de la Cámara de Diputados.

Ella está en muchos manuscritos del general Perón. Yo guardo esos manuscritos —y el General me ha preguntado para qué los guardo—, porque creo que no nos pertenecen, ni le pertenecen al General, sino que son del país.

Esta frase que me escribió a mí el coronel Perón en 1944 se cristalizó en el preámbulo de la Constitución de 1949.

Es decir, que todo lo que ha hecho Perón ha ido cristalizando sus sueños y sus esperanzas, y que todo lo que ha realizado Perón lo tenía muy anidado en su corazón de patriota y de argentino de bien.

UN INTERES SUPERIOR

Por eso nosotros, pese o no pese al General, no vamos a aceptar más banderas que Perón, porque sin él no estamos defendiendo al movimiento, que no son nuestras miserables conquistas materiales, sino algo que está muy por encima: los intereses de la Nación.

Es del país, es de la Patria. Y el pueblo, que tiene intuición, sabe que los intrigantes internos e internacionales quieren desmoralizar al general Perón, sin pensar en que hay muchos millones de argentinos peronistas que lo avalan, y que no van a permitirlo desde ningún punto de vista. Antes vendría un caos en la Argentina, porque los argentinos no queremos nada más que a Perón.

HAY QUE PENSAR COMO PERONISTA

Si yo no pensara como pienso, como peronista, sino simplemente como esposa del general Perón, como una esposa mediocre, vacía, ajena a los intereses de la Patria, superficial e intrascendente —y digo esto a modo de comparación—, pensaría que sería muy lindo que el general Perón terminara este período y se fuera.

Imagínense: entraría por la puerta ancha de la historia y todo lo demás que vendría aquí sería la "débâcle", porque nadie respaldaría ni conduciría al pueblo argentino, aunque el propio General lo dejara.

Se rompería la unidad demasiado pronto.

MORIR POR PERON

Yo decía que cuando los franceses morían por millares no decían "morimos por nuestra doctrina", sino "morimos por Cristo".

Cuando los cristianos morían en las arenas de Roma, no decían "morimos por nuestra doctrina", sino "morimos por Cristo".

Y nosotros, que no queremos más que a Perón, vamos a morir por Perón, porque no estamos defendiendo una cuestión personal, sino nacional.

Yo, como esposa del General, entraría por el camino ancho. El ha hecho una obra extraordinaria, ciclópea; y yo no tendría que trabajar ni sacrificarme, porque he dicho una cosa, y la voy a mantener: el día que el general Perón deje el gobierno, yo no lo dejo después; lo dejo un minuto antes; por lo tanto, me iría y descansaría.

NO QUEREMOS EL CAMINO FACIL

Soy joven y con un marido maravilloso, respetado, admirado y amado por su pueblo. Me hallo en la mejor de las situaciones. Ese es el camino fácil, el de macadam.

Yo quiero la selva y la incógnita.

¿Saben por qué? Porque la selva y la incógnita es defender a la Nación, aunque nosotros caigamos.

Podrán borrar al General y a mí, pero no podrán borrar con el tiempo el hecho de que, pudiendo elegir el camino fácil y la puerta ancha de la historia, elegimos la selva para abrir horizontes y caminos con un afán extraordinario de unidad nacional.

Sobre todo el de los peronistas, que es el de la mayoría del pueblo, quemando nuestras vidas, dejándola a diario a jirones de trabajo, de esfuerzo, de sacrificio y de amarguras.

ELEGI EL CAMINO DEL PUEBLO

Porque la vida de un hombre público tiene muchas amarguras, y cuanto más grande es, más la tiene.

Ustedes ven que cuanto más linda la rosa, más agudas son las espinas.

Pareciera que Dios lo hace a uno más grande cuanto más sufre.

177

Yo he pensado mucho cuál sería el camino que como esposa del General tendría que tomar, y he tomado el camino del pueblo, porque me he anulado como esposa del General, para ser una mujer más de ese pueblo argentino para interpretar a los descamisados, a los hombres, a las mujeres, a los humildes que representan a la nacionalidad. A ellos, que tanto han sufrido, que ahora tienen la luz, el sol, ¿cómo se los vamos a quitar?

Además, lo hice por otra razón: porque yo he visto a través de mi actuación directa con los hombres, pasar muchas miserias, y he sentido muchas desilusiones.

Yo, que por ser joven tengo el espíritu preparado para la ilusión y para creerlo todo, pese a ello, me he hecho un poco escéptica, a fuerza de golpes.

PUEBLO Y CONDUCTOR

Creo que coincido con ustedes en mi apreciación sobre el pueblo y Perón; el pueblo sin un conductor, no va lejos, y el conductor, sin el pueblo, tampoco.

Como en este momento los argentinos tienen un conductor maravilloso, y el conductor tiene un pueblo maravilloso, al que acaba de decirle que no tiene problemas políticos, pensamos que el General tendrá que sacrificar su vida y quemar su gloria inmarcesible, que no ha de quemar porque el tiempo hace justicia.

La historia dirá que el pueblo argentino lo exige, porque necesita al general Perón para el bien de la Patria y de la Nación.

CAPITULO IX

EL PERONISMO ANTE EL MUNDO

En el curso que hemos dado sobre Historia del Peronismo he querido dar mi impresión más o menos exacta de cómo interpretaba la Historia del Peronismo, tomada en su parte filosófica, y hoy, al dictar la última clase, quiero decirles que hubo una gran unidad espiritual de acción, porque creo que si a cualquiera de nosotros nos hubiera tocado como materia la Historia del Peronismo, hubiésemos coincidido en estas diez clases sobre los puntos tratados.

Es ésta la última clase del primer curso de la Escuela Superior Peronista, y trataré de realizar una síntesis final de todo cuanto he dicho.

En esta última clase, como una conclusión final, definitiva, de todo cuanto hemos dicho, quiero establecer en qué medida la Historia del Peronismo se proyecta en la misma Historia Nacional, a tal punto que no puede comprenderse la Historia del Peronismo si no se tiene una visión clara y objetiva de la Historia Nacional, con el gran despertar de nuestro pueblo y su gran revolución, su genial conductor, sus luchas y sus victorias.

NUESTRAS REVOLUCIONES

Pero tampoco puede comprenderse la Historia Nacional si no se aceptan como definitivas nuestras revoluciones, nuestras fechas gloriosas y nuestras conquistas, si no se acepta como una cosa también definitiva la reacción de nuestro pueblo, que ha retomado el camino de su dignidad y de su soberanía si no se acepta por fin, la grandeza de su Conductor, cuyo nombre no podrá ser nunca separado ni de su pueblo ni de su patria, porque su pueblo lo recordará eternamente como el realizador de la justicia social, base fundamental de la felicidad; como el realizador de la independencia económica y como el celoso guardián de la soberanía de la Patria.

Su pueblo lo recordará también como al dignificador de todos los argentinos, y su patria no lo olvidará jamás mientras en el último rincón de su tierra haya una bandera y un argentino dispuesto a morir por ella, y que, sosteniéndola, la quiera económicamente libre, políticamente soberana y socialmente justa.

LA HISTORIA DE LAS MASAS

Nosotros hemos visto, a través de estas clases, cómo la Historia del Peronismo y su Conductor no sólo tienen su raíz en la Historia Nacional, sino también en la historia de las masas, en su afán permanente de conseguir personalidad, organización y conciencia social, para merecer así el nombre de pueblos con soberanía y con dignidad.

Eso es lo que hemos realizado.

De nuestra masa hemos formado un pueblo con conciencia social, con un celoso espíritu de soberanía y también con una ambición de engrandecer a la Patria y dejarla más grande, más próspera y más feliz de lo que la encontramos.

PERON, CONDUCTOR DE SU PUEBLO

El general Perón ha realizado también una obra ciclópea, que agiganta su figura entre las de los grandes hombres, no sólo nacionales, sino universales.

Nuestro líder y nuestro conductor, el general Perón, figura en un lugar privilegiado entre los grandes hombres que han conducido las masas hacia grandes destinos.

Por estos caminos hemos llegado a nuestro pueblo y hemos probado que todos los grandes pueblos y todos los grandes hombres han sido precursores del peronismo y de Perón, y nuestro movimiento y nuestro líder han venido a realizar, en esta hora amarga y difícil de la historia del mundo, los sueños y las esperanzas de los pueblos de todos los tiempos y de los genios de todos los siglos.

EL JUSTICIALISMO, SOLUCION PARA EL MUNDO

A esta altura de nuestra materia, puedo decir, con absoluta certeza, que la Historia del Movimiento Peronista ya ha entrado en los anchos caminos de la historia universal. El movimiento peronista ya no nos pertenece con exclusividad. El Justicialismo de Perón es una solución realizada en el mundo y no puede ser negada al mundo, que está ya hastiado del capitalismo, y que no quiere hundirse en la etapa cruenta del comunismo.

Nosotros los argentinos gozamos del privilegio de tenerlo a Perón, y la verdad justicialista no la puede negar ningún argentino ni ningún extranjero, porque algún día la humanidad podría señalarnos como traidores si mientras el mundo se debate en una noche sin esperanza, buscando una solución, no le diésemos la fórmula justicialista que ya hemos practicado con tanto éxito y con tanta felicidad los argentinos.

UN MOVIMIENTO HUMANO

Por lo tanto, éste no es solamente un movimiento nacional. Es un movimiento humano que irremediablemente ganará a toda la humanidad.

Alguien podrá pensar —siempre hay quien todo lo ve con malos ojos: ven las espinas del rosal no las rosas—, y al decir esto en este momento, entrando al tema del peronismo en la Historia Nacional, pensará que intento subestimar toda la gloria de nuestra gesta emancipadora y toda la gloria de nuestra tradición.

A todos ésos les digo: el peronismo es un movimiento universal, porque no ha hecho otra cosa que retomar el camino que señaló San Martín, y como en los tiempos de San Martín, sin preocuparnos demasiado del ladrido de los perros en el camino.

Hemos salido al mundo, cruzando nuestras fronteras, y como San Martín y nuestros granaderos, no hemos salido a crear un imperio ni a doblegar la cabeza del vencido: hemos salido a compartir con los hombres humildes de todos los pueblos del mundo esta felicidad que nos ha dado la doctrina justicialista de Perón.

Sean bienvenidos a nuestro movimiento todos los hombres, cualesquiera sean su credo, su raza, su religión; todas las personas bien intencionadas que quieran construir juntos con los peronistas una comunidad más feliz y más humana.

NUESTRA VOCACION HISTORICA

Con esto hemos seguido cumpliendo nuestra vocación histórica de servir al mundo, y por esta misma razón podemos decir con orgullo que el peronismo es un movimiento universal, precisamente porque es un movimiento profundamente nacional, profundamente argentino, y así como San Martín pertenece a América, por haberle dado libertad a media América, Perón pertenece al mundo, por haber lanzado al mundo su doctrina de justicia y de amor. Perón pertenece a toda la humanidad.

En un mundo de odios, en un mundo que se debate entre

dos imperialismos de izquierda y de derecha, que no buscan más que un predominio político y económico para satisfacer sus ansias imperialistas; en un mundo donde los factores hombre y felicidad son secundarios, Perón levantó su bandera justicialista para que todos unidos en un engranaje nacional o universal podamos construir la grandeza de nuestras patrias y ser celosos de nuestras soberanías, pero no a base de la miseria y del hambre de sus ciudadanos, sino a base de su felicidad, porque no habrá patria ni mundo feliz, digno y grande, si no empezamos por tener pueblos y hombres dignos como los quiere el general Perón.

GUIA DE LOS HUMILDES

Dejo yo a todos que hagan un análisis de conciencia y piensen que ya la figura de Perón no nos pertenece.

Perón no es un político; Perón es un conductor, es un genio, es un maestro, es un guía, no ya de los argentinos sino de todos los hombres de buena voluntad; de los humildes, de los que sufren la entrega al capitalismo y al comunismo, porque sobre sus débiles espaldas se apoyan los imperialistas de un crudo materialismo que, no ha traído soluciones, sino lágrimas y dolores al mundo.

Perón, en un momento negro de la humanidad, levantó su palabra de justicia, y mientras algunos ciegos lo juzgan loco, otros, que lo ven, lo quieren y lo siguen.

La de Perón, como todas las grandes doctrinas, ha sido combatida, ha sido difamada.

Y podrán terminar con Perón, pero no podrán terminar con la doctrina peronista.

La Historia del Peronismo no se comprende sino como una coronación definitiva de toda la Historia Nacional.

La Historia Nacional es, en síntesis, la historia de todas las luchas de nuestro pueblo por alcanzar su felicidad y su grandeza, y esa felicidad y esa grandeza solamente puede poseerlas un pueblo cuando es socialmente justo, económicamente libre y políticamente soberano.

EL CAMINO DE NUESTROS PROCERES

Cuando San Martín luchaba en Chile y en el Perú, ya peleaba directa o indirectamente por todo esto que ahora tenemos gracias a Perón.

En esta edad peronista de la Patria, todos los argentinos tenemos la dignidad que soñaron para nosotros Belgrano, San Martín y todos nuestros próceres ilustres y esforzados, y la Patria mira de frente el presente y el porvenir, tal como ellos lo desearon en esos tiempos de lucha, sacrificándolo todo, su vida y sus esfuerzos, tal como ellos lo soñaron, y tal vez no creyeron que se podía realizar esa felicidad y esa dignidad hasta que llegara un argentino que retomara los hilos de la Patria que había dejado San Martín y que había dejado Belgrano.

Es el mismo pueblo que reclamó otra vez, como lo hiciera en 1810, la libertad y el derecho de hacer su propia voluntad, ya que si en 1810 su voluntad era ser libre y soberano, para eso en 1945 necesitaba echar abajo a la oligarquía y seguirlo a Perón, y para seguirlo a Perón lo necesitaba libre y presente allí, ante sus ojos.

SE REPITE LA GESTA HISTORICA

Así como San Martín, que por su genio militar y sus virtudes civiles se hizo acreedor al cariño de su pueblo, el general Perón ha sabido merecer el cariño apasionado y fanático de todos los hombres y mujeres humildes del pueblo.

Parece que la historia de nuestra gesta emancipadora se repitiese en nuestros tiempos.

Algunos nos acusan de comparar nuestros hechos victoriosos con los suyos.

Es que cualquier argentino que hace una obra de bien, ha de sentirse orgulloso de querer compararse con los héroes de la nacionalidad.

Sin embargo, no es así: lo único que nosotros hicimos, gracias a Perón, que nos conducía, fue retomar el camino que se perdió en la sombra de un siglo de oligarquía, de entrega, de fraude, de peculado y de traición.

PERON TIENE LUZ PROPIA

Nosotros no queremos comparar a Perón con nadie.

Perón tiene luz propia.

Queremos seguir su ruta, porque hemos encontrado un capitán que piensa, como San Martín, en la felicidad de su pueblo y en la grandeza de la Nación, y que no se conforma con seguir los caminos de la mediocridad, sino que lanza su idealismo hasta las alturas en que sólo vuelan los cóndores, cerca de las estrellas y cerca de Dios.

Como en los tiempos de San Martín, los gorriones, cuyo vuelo es bajo y cuyo nido es sucio, envidiosos de la lejanía del cóndor, quisieron que bajase a volar con ellos y a mezclarse con el polvo de sus caminos, que, por ser caminos de la antipatria, eran sucios, oscuros y mezquinos.

Nosotros, como una respuesta anticipada, les hemos dicho, desde estas clases, que el peronismo no tiene nada que ver con ellos.

POR ENCIMA DE TODOS

Es demasiado grande, y a nuestro Conductor ya no podrá molestarlo la sombra de ningún gorrión.

Está demasiado lejos de cualquiera de nosotros, y si ha hecho todo cuanto ha podido sin envanecerse ni aprovecharse de la gloria, del poder ni del cariño de su pueblo, es porque Dios está con él.

Y porque él está cerca de Dios, a despecho de todos sus enemigos. Porque Dios, que es infinito en su amor y en su justicia, no puede complicarse con las almas mediocres y prefiere, en cambio, la compañía de las almas generosas, que sólo piensan en la justicia, en el amor, y que dan todos los días, como Perón, un poco de su vida por los demás.

Podemos afirmar, pues, como una conclusión definitiva, que sin los años del peronismo, hubiese quedado trunca la Historia Nacional.

Al 25 de Mayo de 1810 le hubiese faltado, quién sabe hasta cuándo, la respuesta genial del 17 de octubre de 1945.

RESPUESTA DEL PERONISMO

El 9 de julio de 1816 se hubiese quedado sin la respuesta del 9 de julio de 1947.

A la independencia política nuestro Presidente respondió con la proclamación de la independencia económica, pero sobre la realidad de los hechos.

La Constitución de 1853 no tendría su corona de gloria, que es la Constitución de 1949.

El pueblo de 1810 y de 1816 no se podría ver en el espejo de nuestro maravilloso pueblo de 1951, y los sueños geniales de San Martín estarían todavía reclamando un lugar en la Patria y en la historia si no hubiese surgido, con sus mismas virtudes y con su mismo patriotismo, la figura genial del general Perón, para realizar todo lo que San Martín fue soñando en el camino de sus glorias, de su amargura y de su ostracismo, ostracismo que no fue voluntario, sino que fue obligado por los vendepatria.

UNA INMENSA
RESPONSABILIDAD

Todo esto nos da una inmensa responsabilidad.

No solamente somos responsables ante el movimiento peronista; no solamente somos responsables por la gloria inmarcesible de Perón. Somos también responsables ante toda la Historia Nacional y tenemos una responsabilidad ante el mundo.

Debemos ser dignos del movimiento peronista, debemos ser dignos de Perón, debemos ser dignos de la Patria; debemos ser dignos de llevar por el mundo la doctrina del general Perón.

Yo quise, al principio de mis clases, tratar de que ustedes comprendiesen la inmensa responsabilidad que tenemos; infundirles un gran amor por Perón y por la causa, que es, en último análisis, la Patria y el pueblo.

No quiero que sirvan por miedo ni por interés, sino por amor.

Por eso, alguna vez pude haber caído, ante los mediocres, en el gran pecado de la exageración y del fanatismo.

Pero me consideraría debidamente compensada por este esfuerzo mío si alguna vez oyese decir de ustedes lo mismo que he dicho en estas clases.

EL IDEAL, FINALIDAD
SUPREMA DE LA VIDA

Es que creo que solamente con fanáticos triunfan los ideales, con fanáticos que piensen y que tengan la valentía de hablar en cualquier momento y en cualquier circunstancia que se presente, porque el ideal vale más que la vida, y mientras no se ha dado todo por un ideal, no se ha dado nada.

Y todo es la vida misma.

Demasiado intrascendente y mediocre sería vivir la vida si no se la viviese por un ideal.

Los hombres de nuestro tiempo, más que los de todos los tiempos de la historia, necesitan quien les enseñe el camino; pero exigen que quien los quiera conducir tenga algo más que buenas y grandes ideas.

Necesitan de un conductor extraordinario.

Los hombres de este siglo, tal vez por habérselos engañado tanto, necesitan de genios para creer, porque entonces ellos verán por los ojos de su conductor y maestro, oirán por los oídos de él y hablarán por sus labios.

Y así expresaremos al mundo una verdad justicialista, y muchas generaciones, no ya de argentinos, sino de hombres de todas las latitudes, nos bendecirán por haber tenido nosotros la valentía de acompañar a un hombre que ha nacido en este pedazo de tierra argentina.

CONDUCIR CON EL EJEMPLO

Ellos exigen que se los conduzca con el ejemplo, y para eso el que los quiera conducir tiene que ser como una antorcha, encendida, tiene que llevar fuego en el alma, fuego de amor para calentar el alma de los hombres fríos, helados y casi petrificados.

Por eso nosotros, los peronistas, para nuestros adversarios, que ya tienen el castigo de su ceguera, le pedimos a Dios que les dé luz para que vean esta realidad.

LA FIGURA GENIAL
E INMARCESIBLE

Se necesita fuego para encender el corazón de los mediocres, fuego de fanatismo para terminar con la prudencia de los que quieren seguir siempre así, como ahora, y con el exceso de sabiduría de los que no comprenden que pueda haber ideales y sentimientos superiores.

Si yo hubiese conseguido que ustedes quisieran a Perón con el fanatismo con que yo lo quiero, estoy segura de que aquí tendría cien antorchas para iluminar no sólo esta escuela, sino todo el país.

Y no sólo este año, sino todo el siglo, porque nosotros moriremos, pero nuestras almas seguirán iluminando la figura genial e inmarcesible del general Perón.

Seremos entonces como chispas del gran meteoro de Perón que está iluminando este siglo peronista de la Historia Nacional y universal, pues, como los genios, Perón es un meteoro que se quema para alumbrar su siglo.

INDICE

PAG.

INTRODUCCION 9
  La Fundación Eva Perón 9
  El futuro local de la Escuela 10
  Sentido de la Enseñanza 10
  "No concibo el Justicialismo sin Perón" 11
  La voz del pueblo 11
  La lección de la historia 11
  La vida por Perón 12
  Lo primero: querer a Perón 12
  La misión de las mujeres peronistas 13

CAPÍTULO I

CONCEPCION PERONISTA DE LA HISTORIA 15
  Una responsabilidad y un honor 15
  Mi encuentro con Perón 16
  La explicación del peronismo 16
  Paralelo entre grandes hombres 17
  El peronismo en la historia del mundo 17
  La intuición de la mujer 17
  Intuición: inteligencia del corazón 18
  Lo que cuesta un hombre 18
  Eterna vigía de la revolución 18
  Los personajes de la historia 19
  Los grandes hombres y los grandes pueblos 20
  Los caminos de la historia 21
  Individualistas y colectivistas de la historia 21
  Los genios no tienen explicación 21
  Los pueblos no avanzan sin conductor 22
  ¿Por qué nos volvemos tan atrás? 23
  La historia universal y la historia del peronismo 23
  La cultura y los grandes hombres 23
  Más culto un pueblo, más grande su conductor 24
  Coexistencia de grandes hombres 24
  La historia, creación de hombres y pueblos 25
  No me será posible decir todo lo que es Perón 25
  Encuentro entre los grandes pueblos 26
  Creando un estado de conciencia 26
  Cuando un pueblo se queda sin conductor 27
  Genio y caudillos 27
  Los genios no nacen cada día 28
  Los caudillos 28
  Nuestro símbolo es una realidad viva 29
  Hemos hallado al hombre 29
  El juicio de las futuras generaciones 30

	PAG.
Unidad y espíritu de los pueblos	30
La conciencia social de los pueblos	31
La unidad de medida para Perón	31
Historia y fanatismo	32
Una sola cosa con Perón	32
Los errores de la lucha	33

CAPÍTULO II

LA HISTORIA Y LOS GRANDES HOMBRES | 35
La historia y los hombres | 35
Los hombres mediocres y los hombres superiores | 36
Judas y Pilatos | 38
El deprecio, castigo de los mediocres | 38
El general Perón y los hombres superiores | 39
Los hombres extraordinarios | 39
Los filósofos | 39
Los conductores | 40
El peronismo y la filosofía | 41
Platón y Aristóteles | 42
Nuestro movimiento es de base espiritual | 42
Licurgo precursor del Justicialismo | 43
Otros precursores del Peronismo | 44
Cristianismo y peronismo | 45
La humanidad cristiana de Perón | 46
La doctrina de Perón y los humildes | 46
El escándalo de la palabra Justicialismo | 47
Soy una mujer idealista | 48
El rostro de Dios en las tinieblas | 48
Perón es bandera de la humanidad | 48
Lo que es Perón para nosotros | 49

CAPÍTULO III

LOS PUEBLOS EN LA HISTORIA | 51
La felicidad de los argentinos | 51
Un recuerdo | 52
La justicia en el mundo | 52
Una felicidad que se ve en las calles | 53
La historia de los pueblos | 53
La jerarquía del pueblo argentino | 54
Una lección y una experiencia | 54
Masas que luchan por hacerse pueblos | 55
Esparta, pueblo y masa | 56
Diferencia fundamental entre masa y pueblo | 57
Diferencias secundarias | 57
El pueblo siente y piensa | 58
La lucha de Perón: convertir a las masas en pueblo | 59
Algunos episodios de la historia | 59

La venta de lo acreedores 60
Los pueblos no escriben su propia historia 60
Napoleón y el pueblo francés 61
El pueblo romano y sus luchas 62
La Revolución Francesa 62
La revolución rusa 62
La verdadera democracia 63
El 17 de Octubre 64
Los pueblos y sus grandes hombres 64
El pueblo sabe lo que vale Perón 65
La grandeza de Perón 66
Alma, nervio y esperanza del pueblo 66
Después de Perón todos somos iguales 67
Perón no podrá ser reemplazado 68
Nuestro triunfo será permanente 68

CAPÍTULO IV

LOS PUEBLOS EN LA HISTORIA Y EL ESPIRITU OLIGARCA .. 71
¿Qué es el pueblo para un peronista? 71
Los tres amores de un peronista 72
Perón es el pueblo 72
Sacrificio sentido, no proclamado 73
El concepto de la lealtad 74
El peligro de la oligarquía 74
El espíritu oligarca se opone al espíritu del pueblo 75
El espíritu oligarca en la historia 75
El fracaso de la Revolución Francesa 76
La oligarquía comunista y capitalista 77
La victoria del 17 de Octubre 77
Perón, ejemplo de humildad 78
El sentimiento del orgullo en el pueblo 78
La humildad de Perón no es fingida 79
El deber de los peronistas 80
Características del peronismo 81
El respeto al pueblo 81
Perón quiere un pueblo organizado 82
Funcionarios oligarcas y dirigentes oligarcas 83
Una sola clase de hombres 83
Los círculos políticos 84
El peronismo sólo responde a Perón 84
El gobierno de Perón es accesible a todos 84
Lo único que valoriza es el sacrificio y el trabajo 85
El único defecto de Perón 85
Nuestro balance diario 86
Una sola clase de argentinos 87
El triunfo de los humildes 87
Lo fundamental dentro del movimiento 88

                                                             PÁG.

Los vicios de la oligarquía 88
Las virtudes del pueblo 89
La virtud fundamental del peronismo 89
Unicamente los genios no se equivocan 90
Los fracasos son nuestros 90
Nadie podrá desplazar a Perón 91
Debemos ser humildes 91

CAPÍTULO V

EL CAPITALISMO EN LA HISTORIA 93
La medida del peronismo 93
Aprender en la historia 94
Actores únicos del movimiento 94
La causas y el escenario 95
Significado del 4 de Junio 95
Nacimiento del peronismo 96
Causas del peronismo 96
Tres formas del capitalismo 97
La explotación capitalista 98
La cuna del Justicialismo 98
Los vendepatria 99
Explotadores del pueblo 99
Con la dignidad de buenos argentinos 100
El dolor del coronel Perón 100
Los enemigos del genio 101
Una repartición equitativa 102
La obra del general Perón 102
Acompañado por su pueblo 103
El antiperonismo 103
El comunismo, otra causa del peronismo 104
El peronismo no es un simple movimiento político 105
Una causa distinta 105
No queremos destruir a nadie 106
El peronismo es distinto del capitalismo 107
Diferencias entre capitalismo y peronismo 108
Historia del capitalismo 108
Cómo triunfa el capitalismo 109
La explotación de los pueblos 110
El capitalismo internacional 110
El capitalismo en nuestra historia 111
Nuestro país y el capitalismo 111
Los políticos ambiciosos 112
Debemos estar alerta 112
Defender a la Patria 113
Amar siempre a Perón 114
Las conquistas no se discuten 114
Los políticos de círculo 115

PÁG.

Los colaboradores anónimos 115
Uno para todos y todos para uno 116
Supercapitalismo y oligarquía 116
La oligarquía en el gobierno 117
La tarea de Perón 118
La justicia social destruye al capitalismo 118
La doctrina justicialista 119
La Patria está salvada 119

CAPÍTULO VI

LAS CAUSAS DEL JUSTICIALISMO 121
El telón que se levanta 121
La actuación del General 122
El fraude político 123
El objetivo principal 124
Los peligros para la humanidad 124
La reforma social y económica 125
El comunismo en el mundo 126
El capitalismo es la causa del comunismo 127
El grito contra el capitalismo 127
La fuerza de la unión 128
Los trabajadores en la historia 128
La figura de Marx y su doctrina 129
Luego vendrá quien construya 130
Marx dividió a los obreros 131
La primera derrota de Marx 131
Las masas sufrientes 132
Alianza de traidores 133
El camino de la felicidad 134
Misioneros de Perón 135
Una Argentina feliz y próspera 135
La paz peronista 136
Aparece Perón 136
"La Prensa", un cáncer del capitalismo 137
La ley del embudo 138
Sindicalismo y Justicialismo 138
El amor de los trabajadores 139

CAPÍTULO VII

EL 17 DE OCTUBRE, PERON Y LOS DESCAMISADOS 141
No supieron ser hombres 141
Algunos sentimientos de mi corazón 142
Los días de gran soledad 143
Olvidaron a los verdaderos peronistas 143
Querer sinceramente al pueblo 144
Una esperanza de la revolución 145

Amiga de los que quieren a Perón 145
Dos cosas distintas que van a un mismo fin 146
Allí estaba el pueblo 146
Los humildes del 17 de Octubre 147
Otro sentimiento en mi corazón 147
Al servicio del pueblo y de Perón 148
Nada une tanto a los hombres como el amor ...·.............. 149
Los hijos de nuestros obreros 149
Razón fundamental y explicación esencial 150
Los méritos son de Perón 151

CAPÍTULO VIII

LOS ACTORES DEL PERONISMO 153
Para salvar al mundo 153
Por qué amamos a los pueblos 154
Una doctrina constructiva 155
Las mujeres en el peronismo 155
Por qué hablo siempre de Perón 156
El fanatismo por las grandes causas 156
Perón es mi luz 157
La responsabilidad del peronista 157
El ideal del general Perón 158
Sin el sacrificio de los argentinos 159
Lealtad practicada 160
Un pueblo digno y un movimiento maravilloso 160
La intervención de las mujeres 161
Perón, causa directa del Justicialismo 162
El escenario donde nació el peronismo 162
Fechas del peronismo 163
Los nombres del peronismo 163
El nombre único para la Historia 164
El significado del 17 de Octubre 165
Seguridad y esperanza 166
La grandeza del pueblo argentino 167
Un camino de sacrificios y sinsabores 167
Lo más puro que tenemos los argentinos 168
El pueblo tiene conciencia de su valer 168
El sindicalismo y la política 168
Hay que hacer justicia 169
Esa columna maravillosa 169
Los estandartes sindicales 170
El pueblo inmortal 171
La nación grande e inmortal 171
Una lección de generosidad 172
Hay que saber olvidar 172
Algo superior los unía 173
El Justicialismo, solución del mundo 173

PÁG.

Un momento de enorme responsabilidad 174
Con Perón seremos más felices 174
Un interés superior 175
Hay que pensar como peronista 176
Morir por Perón 176
No queremos el camino fácil 177
Elegí el camino del pueblo 177
Pueblo y conductor 178

CAPÍTULO IX

EL PERONISMO ANTE EL MUNDO 179
Nuestras revoluciones 179
La historia de las masas 180
Perón, conductor de su pueblo 180
El Justicialismo, solución para el mundo 181
Un movimiento humano 181
Nuestra vocación histórica 182
Guía de los humildes 183
El camino de nuestros próceres 184
Se repite la gesta histórica 184
Perón tiene luz propia 185
Por encima de todos 185
Respuesta del peronismo 186
Una inmensa responsabilidad 187
El ideal, finalidad suprema de la vida 187
Conducir con el ejemplo 188
La figura genial e inmarcesible 188

Este libro se terminó de imprimir en el mes de mayo de 1996
en Impresiones SUD AMÉRICA - Andrés Ferreyra 3767 / 69, Capital